Mit dem Motorrad
in Norwegen

Impressum

Scheuble & Baumgartner
Verlag für Reiseliteratur
Stadtweg 6
79780 Stühlingen
Tel./Fax 07744-703

ISBN 3-924852
© 1998 Verlag Scheuble & Baumgartner
Alle Rechte vorbehalten

Für die Richtigkeit der Angaben kann keine Gewähr übernommen werden

Vielen Dank meiner Frau Hanne Maria und meinem Freund Hubert Bock dafür, daß sie mir einige der Fotos zur Verfügung gestellt haben. Außerdem haben sie mich durch ihre Ratschläge bei der Erstellung dieses Reiseführers unterstützt.

Wulf Brinkmann

Mit dem Motorrad in Norwegen

von
Wulf Brinkmann

Scheuble &
Baumgartner

Inhaltsverzeichnis

Vorwort 5

Die Anfahrtsrouten
nach Norwegen 6

Allgemeine
Informationen 9

(Fast) alle Wege führen
zum Nordkap 17

Eine Lapplandreise ...59

Tourenvorschläge

- Reichsstraße 17 (RV 17):
Kystriksveien 85

- Lofoten und Vesterålen :
Inselreich im Norden 101

- Land der Fjorde und
Gletscher: Rund
Südnorwegen 125

Hauptstadt Oslo 153

Ortsregister 158

Vorwort

Der Norden Europas lockt Jahr für Jahr unzählige Touristen. Da fahren die Heerscharen mit Auto, Wohnanhänger, Motorrad, Wohnmobil oder Fahrrad, da werden lohnende Wandertouren ausgesucht, eine Schiffsreise wird gebucht oder eine Fahrt zum Wintersport geplant. Naturfreunde, Angler, Jäger, Wassersportler und Bergsteiger suchen und finden im Norden ihr Urlaubsparadies. Manche fahren nur ein Mal und suchen sich dann neue Ziele, einige aber fahren immer wieder nach Skandinavien. Sie sind der Faszination eines Raumes erlegen und von einer (Sehn-) Sucht erfaßt, die immer wieder die Richtung des Weges bestimmt.

Was führt nun auch zahllose Motorradfahrer nach Nordeuropa? Da ist natürlich zunächst die Lust des Tourenfahrers auf das Fahrerlebnis, da ist die Aussicht auf eine fast grenzenlose Freiheit in einem endlos erscheinenden Naturparadies, die Mitternachtssonne oder einfach ein Ziel: Polarkreis, Nordkap, Lofoten, Trollstig .... All diese Träume lassen sich in Norwegen besonders gut erfüllen.

Norwegen ist ein Land mit unglaublichen Gegensätzen in der Landschaft, im Klima, den Menschen und - nicht zuletzt - in den Straßenverhältnissen. Da reizt der Süden mit den Sehenswürdigkeiten von Oslo, der Schärenküste und den reichen Tälern; da sind es die weit ins Land reichenden Fjorde des Westens, die alte Hansestadt Bergen, die Gletscher, die Heimat der Trolle - Jotunheimen - ; da hat schon der Name *Trondheim* seinen eigenen Reiz, am Fjord gelegen und in die nördlichen Waldregionen überleitend; die Lofoten als Inbegriff der Fischerei unter dem Polarkreis; Fjorde, Gebirge, Gletscher und arktische Tundra im hohen Norden; Lappen und Rentiere auf der unendlich weit erscheinenden Hochfläche der Finnmarksvidda; Kirkenes und viele andere Plätze stellt man sich als absoluten Endpunkt vor.

Damit der Biker seine Norwegenreise gut vorbereiten und unbeschwert genießen kann, ist dieses Buch entstanden. Es soll nicht der langen Reihe der Reiseführer einen weiteren hinzufügen, sondern es soll speziell auf das Motorradreisen in Norwegen gerichtet sein. Neben gezielten Sachinformationen soll es auch etwas von der Faszination vermitteln, die das Reiseland Norwegen auf zahllose Motorradfahrer ausübt und die den Verfasser nach jeder Reise voller Fernweh hat zurückkehren lassen.

Wulf Brinkmann

MIT DEM MOTORRAD IN NORWEGEN

Die Anfahrtsrouten nach Norwegen

Wer nicht gerade zu den "Nordlichtern" zählt, hat schon einige Kilometer abgespult, bevor ein Fährschiff nach Norwegen zu erreichen ist. In der Regel wird Deutschland also sehr schnell durcheilt, da meist die Zeit knapp ist, die Autobahnen sich geradezu anbieten, das eigentliche Reiseziel schnellstens zu erreichen. Außerdem sind die deutschen Landschaften schon gesonderte Reisen wert! Auch lohnt es sich hier, einen Blick auf die Entfernungsangaben der einzelnen Kapitel zu werfen, damit man nicht von den Kilometern erschlagen wird, die noch zu bewältigen sind. Die etwa 2000 km von Oslo zum Nordkap sind eben nur der halbe Weg und die möglichen Tagesleistungen richten sich neben dem eigenen Vermögen und dem technischen Zustand des Mopeds auch und vor allem nach dem Zustand der Straße, dem Wetter und der eigenen Lust zum Verweilen. Und die kommt oft erst unterwegs.

Die einzige Schiffsverbindung von Deutschland direkt nach Norwegen ist die von Kiel nach Oslo. Wer aus dem Süden anreist, kann bis Kiel auf der Autobahn bleiben und die wenigen Stadtkilometer sind gut ausgeschildert. Wenn man rechtzeitig da ist, kann man noch einen kleinen Bummel an der Förde oder im nahen Stadtzentrum machen. Dieselbe Reederei (Color Line) bietet auch einen Rundumtarif an, das heißt, man kann mit einem ermäßigten Ticket auf einer Strecke beispielsweise Kiel - Oslo benutzen und auf der Rückfahrt dann Kristiansand - Hirtshals, also nach Jütland fahren. Alle Fähren haben ihre Vor- und Nachteile: die einen sind teurer, die anderen dauern länger, die einen Schiffe sind kleiner, die anderen eher Kaffeefahrten. Lange Gültiges kann man hier nicht sagen, da die Reedereien in stetiger Konkurrenz ihr Angebot verbessern oder zumindest aus wirtschaftlichen Gründen verändern. Die Reisebüros können die aktuellen Preise und Abfahrtzeiten immer schnell ermitteln, und die Erfahrung zeigt, daß für ein Bike eigentlich immer Platz ist auf einer Fähre. Wenn man keine hohen Ansprüche auf eine Kabine stellt oder sogar notfalls auf einem Sessel übernachtet, reicht erfahrungsgemäß immer eine ganz spontane Buchung. Dieses gilt besonders für die Rückreise. Außer der Verbindung Kiel - Oslo gibt es noch zahllose

ANFAHRTSROUTEN

andere Möglichkeiten der Anreise nach Norwegen: von Dänemark direkt nach Norwegen, von Dänemark über verschiedene schwedische Häfen nach Norwegen, von Deutschland über Schweden oder Finnland nach Norwegen. Die Fahrt über Polen nach Estland bietet auch ihren Reiz, da es nun einen regelmäßigen, schnellen und preisgünstigen Fährverkehr von Tallin nach Helsinki gibt. Der Phantasie sind hier keine Grenzen gesetzt, allenfalls durch die Reisekasse, die zur Verfügung stehende Zeit und die Schwerpunkte, die man setzen will. Und Schwerpunkte zu setzen empfiehlt sich gerade für Skandinavien und besonders in Norwegen.

Für Biker mit der Tendenz zur Seekrankheit sei noch erwähnt, daß alle Überfahrten über das Skagerrak, also von Jütland aus, eine große "Schaukelwahrscheinlichkeit" aufweisen und auch relativ lange dauern. Die modernen Schiffe gleichen das heutzutage meist durch gut wirksame Stabilisatoren aus. In der Apotheke kann man zur Vorbeugung auch ein unauffälliges Pflaster und/oder ein spezielles Kaugummi erwerben. In fast allen Fährhäfen wird man als Motorradfahrer ganz nach vorn an die Spitze der Warteschlange geschickt. Rechtzeitiges Erscheinen sichert meist die besten Plätze, denn hier gibt sich meist ein buntes Völkchen mit den unterschiedlichsten Maschinen und Aufmachungen ein Stelldichein, und interessante "Benzingespräche", Erfahrungsaustausch und manchmal auch wertvolle Reisetips stimmen auf die bevorstehende Reise ein. Zwei Spannriemen sind sehr zweckmäßig und oft notwendig, besonders natürlich für Mopeds ohne Hauptständer. Die Motorräder werden oft in den hintersten Nischen versteckt und sollten in jedem Falle verzurrt werden! Meistens kann man übrigens während der Überfahrt nicht mehr auf das Fahrzeugdeck gehen. Also: Alle Sachen mitnehmen, die man unterwegs brauchen könnte. Ein weiterer Hinweis ist vielleicht überflüssig, soll aber der Vollständigkeit halber gegeben werden: Die Fahrzeugdecks sind oft ölverschmiert und glitschig. Also Vorsicht!

MIT DEM MOTORRAD IN NORWEGEN

Übernachten in freier Natur

Allgemeine Informationen

Apotheken

Apotheken gibt es in allen größeren Orten. Diese liegen aber, wie aus den Routenbeschreibungen hervorgeht, manchmal sehr weit auseinander. Norwegen ist eben dünn besiedelt. Die Ärzte halten jedoch die wichtigsten Medikamente vor! Öffnungszeiten der Apotheken: generell von Montag bis Samstag 9 bis 17 Uhr.

Angeln

Norwegen ist ein Angelparadies. Allerdings müssen wir eine "fiskeavgift" bezahlen, was wir bei jedem Postamt erledigen können. Dort gibt es die entsprechenden Vordrucke.
Mit dieser "Angelabgabe" haben wir das Recht erworben, überall im Lande im Meerwasser zu fischen. Wollen wir im Süßwasser angeln, müssen wir eine Erlaubnis vom Grundeigentümer einholen. Oft kann man eine regionale Angelerlaubnis an Tankstellen oder im "Turistinform" bekommen. Verkaufsstellen sind oft durch ein Schild mit der Aufschrift "fiskekort" kenntlich gemacht. Fiskekort heißt "Angelschein".
Die Angelausrüstung kann aus einer einfachen, aber starken Teleskopangel mit einer leichten Rolle und einem Sortiment Blinkern und Pilkern bestehen. Der Biker lasse sich in einem Fachgeschäft beraten. Allgemein ist die Angelausrüstung in Norwegen preiswerter als bei uns. Ausrüstung und "Nachschub" für verlorengegangene Blinker und Pilker bekommt man in jedem Laden und auch an Tankstellen!

MIT DEM MOTORRAD IN NORWEGEN

Banken, Post und Telefon

1. Bank

Die Banken sind von Montag bis Freitag zischen 9 und 17 Uhr geöffnet. Alle akzeptieren, bei Vorlage von Scheckkarte und Personalausweis, Euroschecks. Auch bei "Reiseschecks" von "American Express" gibt es keine Probleme. Bankautomaten gibt es an jeder Bank. Aber Vorsicht: Wenn die Karte im Kasten bleibt, ist man aufgeschmissen und muß bis zur nächsten Öffnung der Kasse warten!
Kreditkarten sind weit verbreitet. Fast an jeder Tanke werden Eurocard und Visacard akzeptiert. In größeren Orten kann man auch mit diesem praktischen "Plastikgeld" einkaufen. Bargeld bekommt man mit Kreditkarten nur an wenigen Banken!

2. Post

Poststellen gibt es in allen Städten. Sie sind an Werktagen von 9 bis 17 Uhr geöffnet, samstags von 9 bis 13 Uhr. Briefmarken (frimerker), Telefonkarten (telefonkort) und allgemeine Angelscheine kann man hier erwerben. An vielen Poststellen kann man auch ein Telefax benutzen. In kleineren Orten ist oft die Poststelle mit dem Kaufmann verbunden. Das erkennt man an einem roten Schild mit dem gelben Posthorn und, natürlich, der Krone darauf. Wir reisen ja in einem Königreich! Briefmarken bekommen wir auch an Kiosken, Imbißbuden (gatekjökken) und in Lebensmittelläden. Dort weiß man auch die aktuellen Gebühren für das Verschicken von Ansichtskarten (prospektkort) und Briefen (brev) nach Deutschland (til Tyskland). Briefkästen sind rot. Ansichtskarten nach Deutschland, Österreich und in die Schweiz dauern etwa vier Tage, Briefe gehen schneller. An ganz einsamen Stellen muß man allerdings mit längeren Laufzeiten rechnen!

ALLGEMEINE INFORMATIONEN

3. Telefon

Telefonzellen sind rot, und daher überall leicht zu entdecken. Man findet sie in jeder, auch noch so kleinen Ortschaft. Viele Fernsprecher sind mit kombinierten Automaten für Münzen und Telefonkarten ausgestattet. Telefonkarten gibt es bei der Post, beim "Televerket", an Kiosken, Tankstellen und beim Kaufmann. Es gibt sie für 35, 98 und 210 Kronen. Auf der Karte für 35 Kronen sind 22 Einheiten. Nach 20 Uhr telefoniert man billiger ins Ausland. Wer ein Handy mitführt, kann überall entlang der Europastraßen Norwegens mit Verbindung rechnen. Auf den Fährschiffen ist das Telefonieren manchmal verboten, weil das die Navigation stört.

Die Vorwahl von Norwegen nach Deutschland ist 0049, nach Österreich 0043 und in die Schweiz 0041. Die "0" vor der Ortskennzahl ist jeweils wegzulassen.

Wer von Schweden aus telefonieren will, muß 00949 (Deutschland), 00941 (Schweiz) oder 00943 (Österreich) anwählen.

Finnland hat wieder 0049 als Vorwahl, 0041 für die Schweiz und 0043 für Österreich.

Wer auf der Anreise von Dänemark aus telefonieren will, wählt 0049 (Deutschland), 0041 (Schweiz) oder 0043 (Österreich).

Wir können uns aber auch, wie in alten Zeiten, ein Gespräch manuell vermitteln lassen. Das war vor 10 Jahren übrigens noch allgemein üblich! Wir suchen dann eine Station mit der Bezeichnung "Televerket" auf, wo wir jede gewünschte Verbindung bekommen. Dort stehen auch immer öffentliche Faxgeräte! Televerket gibt es in jeder größeren Ortschaft.

Viele Hotels erlauben auch, daß man von dort aus telefoniert, selbst wenn man kein Gast des Hauses ist. Das kostet aber natürlich "extra". In Finnland heißt Telefon übrigens "puhelin", oder einfach "puh".

Beleuchtung

Da Strom sehr billig ist, brennen Staßenlampen oft Tag und Nacht. Dafür gibt es in Tunnelanlagen oft nur spärliches Licht, was uns manchmal Probleme beschert. Alle Kraftfahrzeuge müssen immer, unabhängig von den Lichtverhältnissen, außerhalb

MIT DEM MOTORRAD IN NORWEGEN

geschlossener Ortschaften mit Fahrlicht fahren, also auch wir. Das dient aber nur der Sicherheit. PKW und LKW fahren in Ortschaften mit Standlicht.

Diebstahl

Mit Diebstahl muß man in Norwegen eigentlich nicht rechnen. Man kann durchaus sein Motorrad tagelang irgendwo hinstellen, wenn man beispielsweise eine Spritztour per Ausflugsdampfer unternimmt, oder zu einer Wanderung aufbricht. In den wenigen großen Städten sollte man sein Bike allerdings etwas besser sichern oder beaufsichtigen (lassen)!

Einreise

Bei der Einreise muß man allenfalls den Personalausweis vorlegen. Die jeweils aktuellen Zollbestimmungen kann man aus einem Merkblatt entnehmen, das jedes Jahr vom ADAC neu herausgegeben wird. Generell gilt für Norwegen, daß man Fleisch und Fleischprodukte nur in Konservendosen verpackt einführen darf. Die Kontrollen sind aber eher lasch! Allerdings kann es nach längeren Fährüberfahrten durchaus geschehen, daß *alle* Fahrzeugführer ins "Röhrchen blasen" müssen. Mit "promillekjöring", das heißt "Fahren mit Alkohol im Blut" ist man in Skandinavien *sehr streng*. In Norwegen darf man 0,5 Promille nicht überschreiten! Letztlich dient aber auch das vor allem unserer Sicherheit.

Fahrgeschwindigkeit

Innerhalb geschlossener Ortschaften und in dichter besiedelten Gebieten beträgt, wie bei uns, die Höchstgeschwindigkeit 50 Stundenkilometer. Auf freier Strecke dürfen wir 80 fahren, auf Autobahnen 90, manchmal 110. Überall werden strenge Radarkontrollen durchgeführt. An vielen Ausfallstraßen und in Ortschaften gibt es fest installierte Meßgeräte. Manchmal werden sie durch ein Schild

ALLGEMEINE INFORMATIONEN

"automatisk trafikkontrol" angekündigt. Wir dürfen nicht damit rechnen, später Post zu bekommen: Kurz nach der "Falle" steht die Polizei. Bezahlt wird sofort "cash", mit Euroscheck oder mit Kreditkarte. Wer nicht zahlen kann, gibt sein Fahrzeug ab und bekommt dann Quartier in der Zelle, bis Geld aus der Heimat da ist! Wer beispielsweise in einer Zone, wo 50 erlaubt ist, mit 70 erwischt wird, zahlt 2000 norwegische Kronen! Bei sehr hohen Überschreitungen wandert man, auch als ausländischer Tourist, ohne Bewährung sofort in den Knast. Das lohnt sich nun wirklich nicht! Rauhe Sitten in Norwegen!

Gesundheit

Die ärztliche Versorgung in Norwegen ist nicht so selbstverständlich wie bei uns. In Städten gibt es Krankenhäuser oder eine "helsestation", ein Gesundheitszentrum, wo allerdings oft nur eine gut ausgebildete Krankenschwester Dienst hat. Zum nächsten Arzt muß man manchmal mit 100 Kilometern rechnen! Als Ausländer müssen wir bar bezahlen, da hier das Gesundheitswesen staatlich ist. Wenn man Glück hat, wird man umsonst behandelt.

Grusvei

"Grusvei" ist ein Ereignis, über das sich viele Biker freuen. Das sind Ölkiesstraßen oder Schotterwege, jedenfalls immer unbefestigte Abschnitte. Meist lassen sie sich angenehm fahren, wenn man schnell genug ist. Oft sind sie aber recht schmal geraten.
Richtig unangenehm wird es, wenn gerade der "Straßenhobel" gefahren ist oder gar noch unterwegs ist. Der rauht die Oberfläche des Weges auf und versprüht, zur Staubbindung, entweder eine ölige, oder eine salzhaltige Flüssigkeit.
Das Fahren auf den frisch präparierten Flächen ist nicht immer angenehm, da sehr viele, oft auch größere, Steine herumliegen. Die werden dann bevorzugt von entgegenkommenden Fahrzeugen hochgeschleudert.
In Norwegen sind diese Wege selten geworden, in Schweden gibt es sie aber oft als

Forststraßen, und in Finnland schließlich sind kleinere Nebenstraßen durchweg nicht asphaltiert!

Informationen

Der ADAC hält alle wichtigen Informationen über Norwegen, Fährverbindungen, Karten etc. vor. Außerdem kann man um weitere Informationen beim norwegischen Frendenverkehrsamt in Hamburg bitten: "Norwegisches Fremdenverkehrsamt", Telefon 040/227108 bis 10. Die geben telefonische Auskünfte und schicken auch Material zu. Im Lande selbst weist das große weiße i auf blauem Grund auf Informationsbüros oder -tafeln hin.

Jedermannsrecht

In Norwegen gilt seit 1957 als Gesetz, was zuvor schon immer als ungeschriebenes Recht existierte: das "Jedermannsrecht". Demnach darf jeder Norweger, aber auch jeder Reisende, überall in der freien Natur lagern, zelten, Feuer machen. In der Nähe von Gebäuden sollte man aber den Grundbesitzer fragen. Auf bewirtschafteten Flächen darf man nicht lagern. Einige Regeln sollten wir jedoch beachten, die aber natürlich auch bei uns selbstverständlich sein müßten: In trockenen Zeiten ist das Feuermachen generell verboten. Daß wir im Wald kein Lagerfeuer entzünden, und daß wir keinen Müll liegenlassen, muß wohl nicht besonders betont werden!

Museum

Kein Ort ohne Museum, Denkmal (minnesmerke), Gedenkstein (bautastein) oder andere Sehenswürdigkeit. Hier zeigt sich Norwegen sehr touristenfreundlich. Solche Stellen sind durch das, international übliche, verschlungene Viereck in Weiß auf blauem Grund gekennzeichnet. Wo Öffnungszeiten verläßlich bekannt sind, werden sie im Text angegeben. In vielen Orten werden diese aber jedes Jahr neu festgelegt, da die meisten

ALLGEMEINE INFORMATIONEN

kleineren Museen nur ehrenamtlich betreut werden. Wer will, kann ganz Norwegen als ein phantastisches, riesiges Museum betrachten!

Notruf

Die wichtigsten Notrufe sind gebührenfrei. Der allgemeine Notruf geht unter *112* an die Polizei (politi). Bei *110* meldet sich die Feuerwehr (brannkorps), bei *113* der Rettungsdienst (Ambulanse). Der Automobilclub NAF unterhält einen Notdienst unter der Nummer 22 34 16 00.

Öffnungszeiten der Geschäfte

Neuerdings haben alle Geschäfte in Norwegen von Montag bis Freitag zwischen 9 und 20 Uhr geöffnet. Manche machen aber erst um 10 auf. Am Samstag kann man überall von 9 bis 16 Uhr einkaufen. Notfalls kann man Vorräte in den Tankstellen ergänzen, die meist gut sortiert sind, und, an den wichtigsten Straßen, bis mindesten 22 Uhr geöffnet sind. Viele kann man sogar rund um die Uhr ansteuern. Meist steht neben der Kasse auch eine Kanne Kaffee für den müden Reisenden.

Sprache

Viele norwegische Wörter klingen ähnlich wie deutsche Ausdrücke. Das erleichtert es uns, auch einmal eine norwegische Zeitung zu studieren. Außerdem gibt es in größeren Orten auch deutsche Zeitungen zu kaufen!
Ansonsten sprechen die Norweger viele verschiedene Dialekte, deren unterschiedlichen Klang wir schnell heraushören können. Viele ältere Norweger sprechen ausgezeichnet Deutsch, noch mehr Leute können allerdings Englisch. Außerdem haben Biker sowieso nur selten Verständigungsprobleme. Auf einen besonderen "Sprachführer" kann daher in diesem Band verzichtet werden. Jedenfalls klappt die Verständigung ausnahmslos gut!

MIT DEM MOTORRAD IN NORWEGEN

Verkehrsschilder

Die Verkehrsschilder in Norwegen entsprechen dem in Europa üblichen Standard. Sie sehen fast so aus wie bei uns. Einige wenige Besonderheiten sollen aber erwähnt werden: Geschlossene Ortschaften werden durch eine Stadtsilhouette angekündigt, am Ortsausgang wird das Schild durch einen roten Querbalken "entwertet".

Wenn vor Kurven die Geschwindigkeit beschränkt wird, ist das sehr ernst zu nehmen, selbst wenn wir zunächst nur darüber lächeln! Oft ändert sich nämlich in Kurven zugleich der Straßenbelag und die Lage der Straße, was wir nicht vorher übersehen können.

Das berühmte Schild mit dem Elch müssen wir auch am hellen Tag ernst nehmen. Besondere Aufmerksamkeit ist angesagt! Oft stehen die Elche, unbemerkt, ruhig am Straßenrand, um dann plötzlich, wie ohne Grund, loszurennen.

"Veiarbeide" - dieses Schild zeigt eine mehr oder weniger lange Baustelle an. Baustellen haben in Skandinavien gerade für Motorradfahrer ihre besonderen Tücken! Der Straßenbelag ist übrigens an vielen Stellen mit Längsrillen versehen, um das Wasser besser abfließen zu lassen. Diese Stellen könen außerordentlich unangenehm sein!

Werkstätten

Richtige Motorradwerkstätten sind in Norwegen äußerst rar. Dafür gibt es aber im ganzen Land eine Unmenge von "Hobbyschraubern", speziell an Tankstellen, die uns im Notfall weiterhelfen können. Klimatisch bedingt gilt : Je weiter wir in den Norden kommen, um so weniger können wir mit Motorradwerkstätten rechnen.

(Fast) alle Wege führen zum Nordkap

Streckenverlauf: Svinesund - Oslo - Hamar - Lillehammer - Dombås - Trondheim - Steinkjer - Mosjoen - Mo i Rana - Fauske - Narvik - Setermoen - (Tromsø, Hammerfest) - Alta - Skaidi - Russenes - Honningsvåg - Nordkap. (Streckenlänge: ca 2000 Kilometer)

Endpunkte

Endpunkte üben eine unvorstellbare Faszination aus. Der südlichste, östlichste, westlichste, nördlichste Punkt, der höchste Berg, die tiefste Stelle .... So möchten also viele, wenn nicht gar fast alle Reisenden, diesen Endpunkt einmal erreichen, erleben.

Auch Norwegen hat einige solcher Endpunkte: den höchsten Berg (Galdhøppiggen), den schmalsten Fjord (Trollfjord), die letzte Insel (Å), die östlichste Stadt (Vardø), die nördlichste Grenzstadt (Kirkenes), den nördlichsten Festlandspunkt (Kinnarodden) und - natürlich - den nördlichsten Punkt Europas, das Nordkap (das die Norweger übrigens Nordkapp schreiben). Wenn man das so betrachtet, dürfen Spitzbergen, Näreninsel und Jan Mayen nicht zu Europa gezählt werden, denn sonst ist das Nordkap nichts als ein steiler Fels auf einer kleinen Insel am Eismeer.

Wir haben vielleicht schon als Kind davon geträumt, diesen Endpunkt einmal zu erreichen, einmal am Nordkap zu sein. Wir kommen hin und sehen, daß ausgerechnet heute hundert und mehr Autos, Busse, Wohnmobile, Gespanne, Motorräder, Fahrräder ausgerechnet in dieser Nacht auf dem großen Parkplatz eingewiesen werden (100 Kronen Eintritt pro Person 1994) und die Touristenscharen sich dann entweder in ein bunkerähnliches Gebäude begeben (Restaurant, Shop, Boutique, Waschräume, Videoshow, Panorama, kurz: Nordkap wetterunabhängig und total!), oder sich auf dem Platz davor für das Familienfoto drängen. Wegen der Mitternachtssonne muß es ja die Nacht sein, und mit viel Glück scheint sie gerade. Zugegeben, so oder ähnlich ist es mir und sicher manchem Leser schon häufig gegangen: Cap Finisterre, Lands End, Große Zinne, Schiefer Turm von Pisa und so fort. Man muß so etwas vorher wissen und dann entscheiden, ob

MIT DEM MOTORRAD IN NORWEGEN

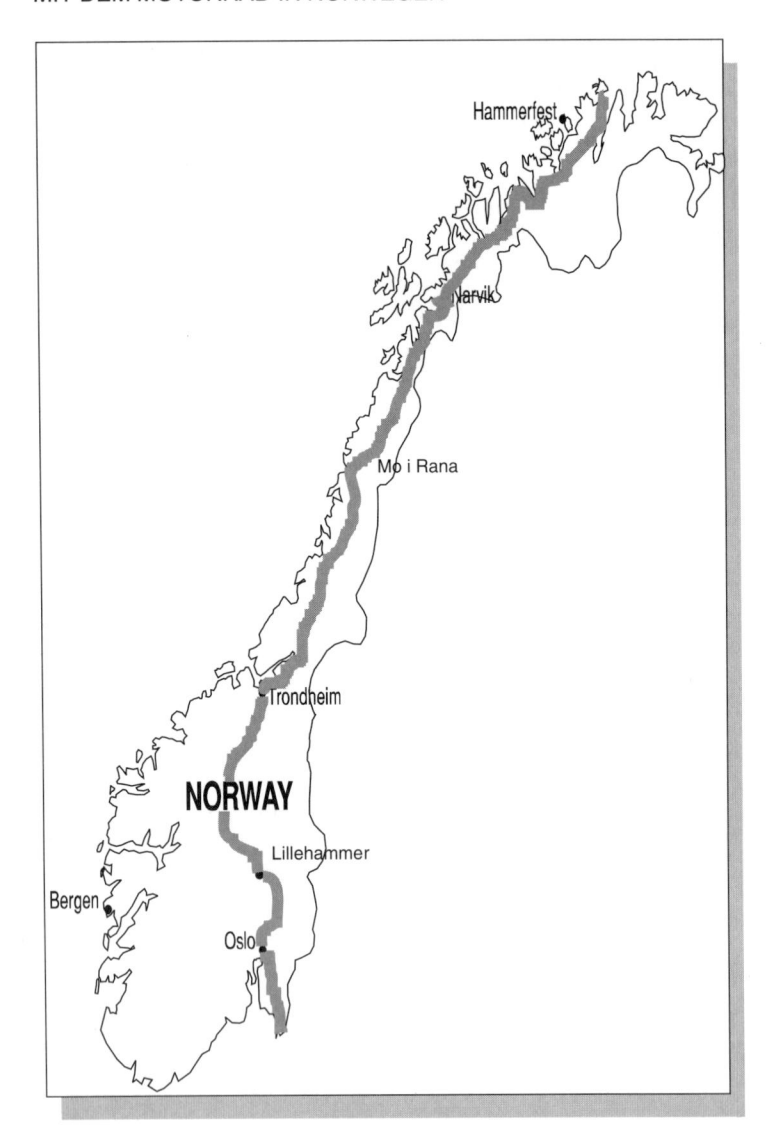

(FAST) ALLE WEGE FÜHREN ZUM NORDKAP

man solche Endpunkte trotzdem oder "nun erst recht" aufsucht, ob man "wegen des Ankommens" oder wegen des Fahrens reist.
Ich reise seit 1966 nach Skandinavien. Im Sommer 1993 bin ich erstmalig zum Nordkap gefahren, um dieses Kapitel schreiben zu können. Ich habe vorher gewußt, was mich erwartet und freue mich immer noch darüber, daß ich meinen eigenen Reisestil habe.
Für viele Menschen ist das Nordkap das Reiseziel schlechthin. Sie fahren nach Norwegen, um das Nordkap zu sehen und fahren wieder heim und haben auf ihre Weise auch etwas erlebt! Außerdem ist die Fahrt zum Nordkap für den, der nur wenig Zeit hat, gut als "Vorspeise" für spätere Reisegenüsse geeignet. Denn selbst dann, wenn man die Fahrt in 14 Tagen absolvieren muß, weil man vielleicht nur kurz Urlaub hat, erhält man hier einen grandiosen Eindruck von allen typisch skandinavischen Landschaften.

Svinesund - Oslo

(Streckenlänge: ca 113 Kilometer)

Ich gehe mal davon aus, daß der Leser auf direktem, schnellstem Wege zum Nordkap möchte und, ohne dieselbe Strecke erneut zu benutzen, wieder zurück. Da wird man entweder direkt in Oslo mit dem Fährschiff ankommen, oder auf der Europastraße 6 (E6) bei *Svinesund* nach Norwegen eingereist sein. Die Einreise ist in beiden Fällen unkompliziert, da kaum Kontrollen stattfinden.

In Svinesund führt uns eine 420 m lange Autobahnbrücke über den Sund und danach muß man sich an die norwegische Straßenverkehrsordnung halten (vgl.auch das Kapitel "Allgemeine Informationen"). Bereits hier muß man auf den 113 Kilometern bis Oslo mit fest installierten Radaranlagen, aber auch mit Elchen auf der Straße rechnen. Die autobahnähnliche Straße ist hervorragend ausgebaut, ist aber durch starken Verkehr sehr belastet. Die E6 ist nämlich die wichtigste Achse nach Norwegen hinein. Sie führt durch Wälder und Ackerland, vorbei an kleinen Meeresbuchten und Seen und gibt ein eher liebliches Bild ab. Die Orte und Städtchen Sarpsborg, Moss, Vestby und Ås werden nur am Rande berührt oder weit umgangen. In Sarpsborg erreichen alle Biker, die die Fähre Frederikshavn - Frederikstad benutzt haben, die E6. Bei *Ås* erleben wir unseren ersten großen Tunnel im Norden. Aber keine Sorge: Wir werden noch so viele Tunnel erleben dürfen/müssen, daß man sich

19

MIT DEM MOTORRAD IN NORWEGEN

hernach nur die längsten oder auch die schlimmsten merken wird!
Direkt danach verläuft unsere Europastraße 6 gemeinsam mit der E18 (Stockholm - Oslo - Stavanger), und auf der linken Seite sieht man den in ganz Norwegen berühmten Vergnügungspark "Tusenfryd", eine Art norwegisches Disneyland, liegen. Wer derlei Vergnügen schätzt, kann sich dort einige schöne Stunden machen (geöffnet von Mitte Mai bis Mitte September).

Freie Fahrt für Biker!

Klammheimliches Vergnügen kann uns an der ersten Mautstelle unserer Reise überkommen. Ähnlich, wie auf Autobahnen Frankreichs und Italiens, ist hier nämlich eine Zahlstelle eingerichtet, wo der Reisende eine Benutzungsgebühr entrichten muß. Hier ist es der "Eintritt" für den Stadtbezirk *Oslo*. Man darf sich freuen und auf der Gratisspur einordnen. Motorräder sind hier nämlich im wahrsten Sinne des Wortes frei und man kann Oslo getrost zur motorradfreundlichsten Hauptstadt erklären. In Norwegen sind übrigens viele neuere Straßenbauwerke wie Brücken, Tunnel und Umgehungen ebenso mautpflichtig wie die kleinen Privatstraßen.

Etwas Oslo

Wer Oslo anschauen will, muß nun im Stadtkapitel Oslo weiterlesen. Hoffentlich hat sich der Leser auch rechtzeitig und möglichst weit außerhalb um ein Quartier bemüht, es sei denn, daß er auf dem großen Campingplatz oder in der Jugendherberge übernachten will.
Nach Oslo hinein folgt man der E18. Will man seinen Stadtbesuch auf der Rückfahrt machen, bleibt man auf der E6 und trifft dann auf diejenigen, die mit dem Schiff in Oslo angekommen sind (aus Kiel, Kopenhagen, Frederikshavn oder Hirtshals). Die haben sich durch ein kompliziertes Tunnel- und Brückensystem vom Hafen zur E6 Richtung *Hamar/Lillehammer/Trondheim* gefranzt. Im Vorbeifahren kann man bei gutem Wetter einen Blick auf das Rathaus, die Museumsinsel Bygdøy, den Fernsehturm Tryvannstårnet und die berühmte Skischanze Holmenkollen erhaschen.

(FAST) ALLE WEGE FÜHREN ZUM NORDKAP

Die Eishalle in Hamar

Oslo - Hamar

(Streckenlänge: ca 118 Kilometer)

Hinaus aus Oslo ist die E6 immer noch als Autobahn ausgebaut und führt schnell nach Norden. Offene, an Südschweden oder Dänemark erinnernde hügelige Wiesen und Äcker wechseln mit Wäldern und Seen, zwischen denen immer wieder einzelne, prächtige Gehöfte und verstreute Siedlungen auftauchen.
Die Siedlungen fügen sich meist unauffällig in die Landschaft ein. Die Hofgebäude sind fast immer auf Feldsteinfundamenten errichtete Holzhäuser, die mit ihrem typischen Rot ("Ochsenblutrot" genannt) die Landschaft prägen. Schneeweiße Birkenalleen führen zu den im Sommer üppig blühenden Gärten und schmucken Hofplätzen.
Bei schönem Wetter wird man bald merken, daß auch die Farben der Natur hier viel intensiver zu leuchten scheinen.

MIT DEM MOTORRAD IN NORWEGEN

Weg vom Strom auf Seitenstraßen

(Streckenlänge: ca 400 Kilometer)

Wer nicht in Eile ist und den Streß der E6 gern vermeiden will, sucht schon bald, nämlich kurz hinter Oslo, den Abzweig Richtung *Kongsvinger* (Riksveg 2, Abzweig in Kløfta). Danach geht es weiter über Elverum nach Ulsberg(RV 3) oder Hjerkinn (RV 29), wo man dann auf dem Dovrefjell wieder auf die E6 stößt. Möglicherweise kann man sich diese hübsche, kurvenreiche Nebenstrecke auch für die Rückreise vornehmen!

Eidsvoll am 17.Mai: heimliche Hauptstadt!

Etwa 60 Kilometer hinter Oslo lohnt sich ein erster kleiner Halt. In Eidsvoll befindet sich das "Nationalheiligtum" der Norweger. Dazu muß man wissen, daß Norwegen sich 1814 von Dänemark loslöste und erst 1914 seine endgültige Unabhängigkeit von Schweden erlangte. Am 17. Mai 1814 jedenfalls wurde im Eidsvollbygning (Eidvollhaus) im Reichssaal die Verfassung unterzeichnet. Der Reichssaal ist im Original erhalten und sehenswert. Wenn man einmal die Möglichkeit hat, am 17. Mai in Norwegen zu sein, kann man das ganze Land in fröhlicher Feststimmung erleben. Die Straßen und Häuser sind geschmückt, überall Fahnen und Wimpel, Festumzüge und Paraden. Viele alte Trachten sind zu bestaunen. Da zugleich die Abiturienten ihren Abschluß feiern, sieht man lustig verkleidete Jugendliche, die in abenteuerlichen Fahrzeugen die Straßen bevölkern. Es ist aber auch wichtig zu wissen, daß an diesem Tage alle Geschäfte geschlossen sind und auch viele Campingplätze nur nach Voranmeldung Gäste aufnehmen. Auch ist wegen der Umzüge und Paraden kein zügiges Vorankommen möglich. So legt man dann besser einen "Ruhetag" ein und feiert mit. Ähnlich geht es zu, wenn ganz Norwegen die Mittsommernacht (Sankt Hans Dag - Wochenende nach dem 21. Juni) feiert!

Weiter geht es nach Norden. In Minnesund überquert eine 600 m lange Brücke die Vorma und hier beginnt der *Mjøsasee*. Er ist 100 km lang und mit 366 Quadratkilometern Norwegens größter See. Der Mjøsa ist das nördliche Ende eines Grabenbruchsystems, das vom Mittelmeer durch Mitteleuropa bis hierher führt. Das erklärt auch seine enorme Tiefe von 449 Metern. Im Winter friert der Mjøsa derart zu, daß dort Flugzeuge landen können und Autorennen stattfinden. Die E6 verläuft mehr oder weniger dicht am Ostufer des Sees mit herrlichen Ausblicken auf Wasser, Wälder, reiches Ackerland und prächtige

Gehöfte. Selbst die verstreuten Industrieanlagen scheinen sich unauffällig in die Landschaft einzupassen. Der nächste große Ort ist dann *Hamar (*ca 17 000 Einwohner). Wer nicht gerade die alten Römerruinen oder die imposante Eislaufhalle der Winterolympiade 1994 näher anschauen möchte, kann den Ort auf der E6 umfahren und sich damit begnügen, das Bauwerk aus einiger Entfernung zu betrachten. Es hat die Form eines kieloben liegenden Wikingerschiffes.

Hamar - Lillehammer

(Streckenlänge ca. 56 Kilometer)

Die nächsten 20 Kilometer sind relativ dicht besiedelt, bis man nach Moelv kommt, wo die E6 ihre alte Trasse am Ostufer verläßt. Anläßlich der Winterolympiade wurde sie über eine gewaltige Brücke auf das Westufer verlegt. Auch hier kann sich der Biker darüber freuen, daß er die Mautstraße kostenlos befahren darf.

Olympiastadt Lillehammer

Bald tauchen im Hinterland des Ostufers Berge auf, die die Olympiastadt Lillehammer (ca 23 000 Einwohner) ankündigen. Die Schneisen der Skipisten sind ebenso aus einiger Entfernung zu erkennen, wie die Skischanzen. Wer Lillehammer von früher kennt, wird den Ort nur noch im Kerngebiet wiedererkennen. Sehenswert ist aber in jedem Falle das Museumsdorf Maihaugen. Etwa 130 alte Gebäude aus dem Gudbrandsdal, teilweise komplett eingerichtet, können besichtigt werden. Trachten und Gebrauchsgegenstände werden gezeigt und alte Handwerkskünste vorgeführt. Hier gibt es auch eine Stabkirche zu bestaunen. Die Eintrittskosten und mindestens zwei Stunden Zeit lohnen sich aber bestimmt!

Lillehammer - Dombås

(Streckenlänge: ca 160 Kilometer)

In Lillehammer verlassen wir den Mjøsasee und befinden uns nun im berühmten Gudbrandsdal. Wir fahren am Ostufer des Lågen entlang. Dieser Fluß führt das Wasser der Gletscherregionen und der nahen Gebirge Jotunheimen und Rondane in eiligem Lauf nach Süden. Die Gebirge rücken immer näher an das Tal heran, und der Lågen windet sich mit zahlreichen Stromschnellen hindurch. Diese werden hin und wieder durch Kraftwerke zur Stromerzeugung genutzt. Vorsicht also beim Zelten: Bei starkem Regen im Gebirge kann der Fluß plötzlich über die Ufer treten.

Die Straße ist weiterhin gut ausgebaut. So können wir zügig Raum gewinnen und werden an Orten wie Ringebu, Vinstra und Otta vorbeigeführt bis nach Dombås. Hier zweigt die Reichsstraße 9 nach Åndalsnes ab. In Dombås sollte man noch eine kleine Rast einlegen. Von Oslo aus haben wir 335 km zurückgelegt, und es lohnt sich auch, hier noch einmal den Tank zu füllen, weil es nun auf das Dovrefjell geht. Hinter Dombås geht es in steilen Kurven aufwärts und es wird merklich kühler.

Dombås - Trondheim

(Streckenlänge: ca 200 Kilometer)

Nun erwartet uns auf den nächsten 120 Kilometern eine grandiose Hochfläche. Sehr bald wird die Baumgrenze erreicht, und man bekommt einen ersten Eindruck von der arktischen Tundra. Die spärliche Vegetation besteht hier nur noch aus Birkenbäumchen, später sind es dann lediglich Zwergbirken, Kriechweiden, Heide, Moos, Flechten und Wollgras. Selbst im Sommer reichen hier die Schneereste bis an die Straße heran.

(FAST) ALLE WEGE FÜHREN ZUM NORDKAP

Auf dem Dovrefjell

Nationalpark Dovrefjell

Das Dovrefjell ist Nationalpark, in dem Wildrenherden beobachtet werden können, und mancher Wanderer ist sogar Moschusochsen begegnet. Die Straße erreicht an ihrem höchsten Punkt 1026 Meter, und wenn man auf den höchsten Berg der Gegend, den Snøhetta, steigen will, muß man nochmal 1260 Höhenmeter zulegen. Das geht aber nicht einmal für die härtesten Enduristen oder Crosser mit Fahrzeug! Da muß man schon absatteln und sich auf eine alpine Höhenwanderung durch Fels und Schnee einlassen. Das lohnt sich aber nur, wenn man Höhenerfahrung, Trittsicherheit, gutes Schuhwerk und Orientierungssinn mitbringt. Wer den Weg wagt, wird durch ein einmaliges Erlebnis und einen tollen Ausblick belohnt. (Wanderzeit etwa 5 Stunden).

Weiter geht es Richtung Norden über Oppdal und Berkåk und dann hinunter bis auf Meereshöhe nach Trondheim. Wer sich gesputet hat und wenig verweilte, der kann die 534 Kilometer von Oslo sogar in einem Tag bewältigt haben. Hier

MIT DEM MOTORRAD IN NORWEGEN

aber sollte eine Pause eingelegt werden. Einige Campingplätze sind gut ausgeschildert. Wer jedoch "frei" zelten will, sollte schon 30 bis 40 km vor Trondheim ein geeignetes Plätzchen suchen, da in Stadtnähe die Möglichkeiten immer geringer werden. Dann kann man den nächsten Tag mit einer kleinen Besichtigung der Stadt beginnen und danach seinen Weg auf der E6 fortsetzen. Wenn man nach Trondheim kommt, kann man sich an der Mautstelle auch wieder ruhig auf der Gratisspur einordnen. Auch hier muß der Biker nicht "löhnen".

Trondheim - mitten drin

Für den, der von Süden kommt, beginnt in Trondheim der Norden, und umgekehrt ist es für den, der aus dem Norden kommt. So ist es nicht verwunderlich, daß Trondheim in Geschichte, Kultur, Wirtschaft und Politik stets eine Sonderrolle gespielt hat und auch noch immer spielt. Die Stadt ist eben "mitten drin".

Trondheim gibt es seit dem 13. Jahrhundert, ist aber in Wirklichkeit viel älter! Olav Tryggvason erschien die Stelle am Fjord sehr günstig, um eine Siedlung zu gründen, die den Namen Nidaros erhielt. Nidaros war dann etwa 200 Jahre lang die Königsresidenz und außerdem Bischofssitz. Viele norwegische Christen pilgerten damals zum Grab Olavs des Heiligen. Das machte Nidaros auch zum Wallfahrtsort. Diese Umstände führten zu einer Blütezeit der inzwischen zur Stadt gewordenen Ansiedlung.

Als Nidaros dann den Status als Königsresidenz verlor, dauerte es nicht lange, da war die Stadt auch bald nicht mehr religiöses Zentrum Norwegens. Fortan wurde der Name Trondheim verwendet. Erst im 17. und 18. Jahrhundert erlebte die Stadt eine neue Blütezeit mit einem enormen Wachstum und wirtschaftlichen Aufschwung. Aus dieser Zeit stammen die meisten der hübschen, bunten Holzhäuser und Speicher in der Altstadt und am Hafen.

Heute hat Trondheim ungefähr 145 000 Einwohner und ist damit Norwegens zweitgrößte Stadt. Die Menschen arbeiten hier in der hoch entwickelten mechanischen Industrie, im Handel und allen Gewerbearten rund um die Landwirtschaft. Außerdem ist Trondheim Universitätsstadt mit dem eindeutigen Schwerpunkt "Hochtechnologie".

Für viele Norweger ist Trondheim heute noch die "Domstadt". Der *Nidarosdom* wurde ab 1030 erbaut und ist noch heute das Wahrzeichen der Stadt. Darüber hinaus avancierte er zum Nationalheiligtum der Norweger. Er ist ein mächtiges gotisches Steingebäude, das mitten in der Stadt gelegen ist und von uns schon wegen seiner Größe und seines mit Kupfer gedeckten, grün schimmernden Spitzturmes nicht verfehlt werden kann. Wir können beim Dom parken und von hier aus die Stadt und ihre Sehenswürdigkeiten anschauen. Der Nidarosdom wurde über den Gebeinen Olavs des Heiligen

(FAST) ALLE WEGE FÜHREN ZUM NORDKAP

Das Wahrzeichen von Trondheim: der imposante Nidaros-Dom

MIT DEM MOTORRAD IN NORWEGEN

Bunte, hübsche Holzhäuser säumen den Hafen Trondheims

errichtet und ist das nördlichste gotische Bauwerk. In der Kirche kann man die Grab- und Krönungskapelle besichtigen. Es lohnt sich auch, den Erzbischofshof neben dem Dom zu besuchen. Er stammt aus dem Mittelalter und birgt in der Rüstkammer eine sehenswerte Waffensammlung sowie das Widerstandsmuseum.

Ganz in der Nähe des Doms führt die alte Stadtbrücke ("Bybrua") über das Flüßchen Nidelva. Von dieser Brücke aus können wir die uralten, hölzernen Speicherhäuser am besten sehen. Sie stehen auf dicken Eichenpfählen am Ufer des Flusses. Ähnlich hübsch anzusehen sind die bunten Häuser der Altstadt. Sie existieren wohl nur noch, weil ein "Stadtplaner" um 1680 beim Wiederaufbau abgebrannter Straßenzüge die Verbreiterung der Straßen angeordnet hatte, um weitere Großbrände zu verhindern. Auch viele andere norwegische Orte hatten wegen der überwiegenden Holzbauweise immer wieder mit Brandkatastropen zu kämpfen, die ganze Siedlungen in Schutt und Asche legte.

Wer mehr machen will als nur den Stadtbummel, der kann sich in zahlreichen Museen bilden und erbauen. Sehr zu empfehlen sind hier das Schiffahrtsmuseum und das Trøndelag Volksmuseum in Sverreborg. In letzterem sind viele typische Gebäude aus der Region Trøndelag und sogar eine Stabkirche zu besichtigen. Also richtig ein "Mini - Maihaugen". Die

(FAST) ALLE WEGE FÜHREN ZUM NORDKAP

Ernst zu nehmen: Hinweisschilder auf kreuzende Elche

Festung Kristiansten und das alte Inselkloster Munkholmen werden auch immer gerne besucht. Wer sich noch mehr Zeit nehmen will, der kann sich dann zu dem alles überragenden "Fernsehturm" begeben, der insgesamt 130 Meter hoch ist. Er versorgt die ganze Region mit allen Arten von Kommunikation.
In 85 Metern Höhe finden wir ein hübsches Drehrestaurant, das uns eine wunderschöne "Rundreise" über der Stadt ermöglicht. Da können wir alles, was wir vorher besichtigt haben, noch mal von oben betrachten.

Trondheim - Steinkjer (Vor Elchen wird gewarnt!)

(Streckenlänge: ca 120 Kilometer)

Die nächsten 120 Kilometer führen uns am Ostufer des Trondheimfjords entlang. Die Landschaft heißt Trøndelag, und

MIT DEM MOTORRAD IN NORWEGEN

viele Norweger geraten bei diesem Namen ins Schwärmen. Ist das Trøndelag doch berühmt für seine prächtigen Höfe, fischreichen Gewässer und herrlichen Wälder. Wenn man die E6 zügig nach Norden fährt, an Fjord und weiten Feldern entlang, ahnt man kaum etwas von diesem Reichtum. So versetzt die kleine Jagdstatistik in Erstaunen, nach welcher hier jährlich etwa 4000 Elche, 1000 Hirsche, 1000 Wildren, 7000 Rehe, 60 000 Birk- und Auerhühner und 140 000 Schneehühner erlegt werden. Will man aber die Natur erleben, muß man die E6 verlassen, eine der zahlreichen Abzweigungen zum Grenzgebiet nach Schweden befahren oder auf andere Nebenstraßen ausweichen. Aber uns zieht es ja weiter in Richtung Nordkap.

Steinkjer - Mosjoen

(Streckenlänge: ca 272 Kilometer)

In *Steinkjer* verlassen wir den Trondheimfjord. Hier beginnt übrigens die berühmte Reichsstraße 17 (nach Nordwesten, Richtung *Namsos),* die in einem gesonderten Kapitel noch eine wichtige Rolle spielen wird. Wir aber folgen unserer Richtung. Etwa 70 Kilometer geht es nun am Snåsavatn entlang, einem See, der von sanften Hügelketten umgeben ist. Vor einigen hundert Jahren noch hatte er Verbindung zum Trondheimfjord. Dies erklärt sich dadurch, daß sich das skandinavische Festland nach der letzten Eiszeit, befreit von der ungeheuren Last des bis zu 1500 Meter mächtigen Eises, teilweise etwa 390 Meter gehoben hat! Der Snåsavatn ist also, genau genommen, ein ehemaliger Fjord. Mittlerweile haben wir auch schon Höhe gewonnen, verlassen das Seeufer und gelangen ins Namsdal.

---

30 Meter fallendes Wasser und fliegende Fische

Auf dem Weg ins Namsdal kommen wir an Formofoss vorbei. Hier stürzt das Flüßchen Sandøla in einem 30 Meter hohen Wasserfall hinab. Im Juni und in regenreichen Zeiten ist das ein eindrucksvolles Schauspiel. Lachse, die ihr Laichgewässer aufsuchen wollen, werden durch eine etwa 100 Meter lange Tunneltreppe in den Oberlauf des Flusses geleitet. Weiter nördlich, bei Grong, kann man im Tømmeråsfossen miterleben, wie die Lachse einen

(FAST) ALLE WEGE FÜHREN ZUM NORDKAP

30 Meter fallendes Wasser

kleineren Wasserfall im Sprung überwinden und hier hat man die Chance, Norwegens "fliegende Fische" im Foto festzuhalten. An anderer Stelle, zum Beispiel in Fiskumfoss, ist der Namsenfluß zur Stromgewinnung aufgestaut und reguliert worden. Hier werden jährlich etwa 300 Millionen Kilowatt Strom erzeugt - jedenfalls saubere Energie - und für das Fortkommen der Lachse sorgt die mit 291 Metern Nordeuropas längste Lachstreppe.

Wir überwinden nun in locker bewaldetem Land mit wunderbaren Weitblicken auf teilweise schneebedeckte Hochflächen und Gipfel den höchsten Punkt dieses Streckenabschnittes (375 Meter). Es geht auf der weiterhin gut ausgebauten Straße immer bergab bis hinunter zum Fjord in *Mosjoen*. Hier befinden wir uns auch schon in einer anderen Provinz, nämlich Nordland. Alte Siedlungsreste beweisen, daß hier ursprünglich schon Einflußgebiet der Ureinwohner, nämlich der Lappen (Samen), war.

MIT DEM MOTORRAD IN NORWEGEN

Mosjoen - Mo i Rana

(Streckenlänge: ca 92 Kilometer)

Obwohl nun seit Trondheim schon fast 400 Kilometer zurückgelegt sind, kann man eigentlich ruhig noch weiter fahren. Die Straße bleibt gut, in der Hauptreisezeit wird es kaum richtig dunkel (wir nähern uns nämlich rapide dem Polarkreis!), und Mosjoen als kleine Industriestadt ist auch nicht sehr einladend! So ist es besser, der E6 Richtung Mo i Rana zu folgen und irgendwo auf dem Fjell zu lagern. Wir kommen auf dem Korgfjellet auf etwa 550 Meter Höhe und haben, gutes Wetter vorausgesetzt, einen herrlichen Ausblick auf das im Osten mächtig aufragende Massiv des fast 2000 Meter hohen Okstind und seine blauschimmernden Eisflanken.

Okstind - Ochsentour zum "Ochsenberg"

Will man möglicherweise eine Tour auf den höchsten Berg Nordnorwegens unternehmen oder eine kleine Pisteneinlage wagen, so sollte man in Korgen auf der 806 rechts abbiegen, in Bollermoen dann links dem Schotterweg nach Innerdalen folgen. Schließlich führen von der Gråfjellhütte aus gekennzeichnete Fußwege durch große Teile des Bergmassivs. Die schwedische Grenze ist auch nicht fern, da wir hier fast an der schmalsten Stelle Norwegens sind. So führt dann auch, 92 Kilometer hinter Mosjoen, in Mo i Rana, die gut ausgebaute E12 nach Osten über das Gebirge in den schwedischen Wintersportort Tärnaby und südostwärts weiter bis nach Umeå am Bottnischen Meerbusen.

Kleine Spritztour an die Küste

(Streckenlänge: ca 130 Kilometer)

Wer jetzt schon feste Pläne hat und weiß, daß die Rückreise über Schweden oder Finnland gehen soll, dem empfehle ich hier noch eine Variante, die zumindest einen kleinen Eindruck von der Küste Norwegens vermittelt.
In Mosjoen kann man der Straße 78 Richtung Sandnessjoen bzw. Nesna folgen. In Leirosen stößt man dann auf die Reichsstraße 17, die in Levang bereits wieder verlassen werden muß, um auf der 808 Richtung Hemnesberget zu fahren. Schließlich wird auf diesem kleinen Umweg auch Mo i Rana erreicht, man hat aber gleichzeitig eine herrliche Fahrt erlebt mit

unvergeßlichen Ausblicken auf den Außenfjordbereich, mit einigen Stücken Ölkiesstraße ("Grusveg"), Wäldern, Mooren, Hochflächen und einer Fährfahrt. Zeltet man am Fjord oder muß man auf die Fähre warten, lohnt sich dort, wo das Wasser tief genug ist, eine kleine Angelpartie. Hier gibt es nämlich große Dorsche und quicklebendige Köhler, die den Speisezettel schmackhaft bereichern können.

Mo i Rana - Fauske: am Polarkreis

(Streckenlänge: ca 184 Kilometer)

Mo i Rana ist eine Industriestadt mit einem großen Erzverladehafen. Da es sich um Eisenverhüttung und Chemieindustrie handelt, wird der Biker die Nase rümpfen und sich schnell auf den weiteren Weg machen. Wer in dieser Gegend noch etwas bleiben möchte, kann vor der Weiterfahrt im "Rana Turistkontor" Informationsmaterial in deutscher Sprache über die Region bekommen. Das Reisebüro liegt in der Ortsmitte beim Bahnhof.

Schwarzes Eis und dunkle Höhlen

Nach wenigen Kilometern, kurz nach dem Örtchen Rössvoll, erreichen wir den kleinen Flugplatz von Mo. Hier kann man bei gutem Wetter einen Rundflug über das Svartisengebiet machen. Der Svartisengletscher ist der zweitgrößte Norwegens und in eine grandiose Bergwelt gebettet. Riesige Eismassen liegen dort auf einer Hochfläche und fließen nach allen Seiten hinab in die Täler. Auf der Westseite erreichen seine Zungen sogar das Meer - ein beliebtes Ziel von Kreuzfahrtschiffen. Wir sollten hier einen Abstecher nach Westen machen, um einige Sehenswürdigkeiten zu erleben.
Das Sträßchen ist nur zum Teil asphaltiert und streckenweise Privatweg. Es führt nach Bjørnnes, von wo aus man die Grønligrotte erreicht (22 km von Mo). Sie ist die bekannteste von etwa 120 Höhlen in der Region. Zwischen dem 20. Juni und 1. September finden mehrmals täglich Führungen statt. Unterirdische Wasserfälle und Seen machen den Besuch neben den Tropfsteinformationen zu einem Erlebnis.
Setzt man die Fahrt fort, so erreicht man nach weiteren 10 Kilometern den Svartisdalhof und, kurz danach, die Svartishütte. Entlang des Weges gibt es einige Möglichkeiten, das Zelt aufzubauen, und die Hütte bietet auch einige Übernachtungsmöglichkeiten. Wenn der dort gelegene See am 20. Juni bereits eisfrei ist, werden von der Hütte aus regelmäßig Bootsfahrten über

MIT DEM MOTORRAD IN NORWEGEN

den Gletschersee durchgeführt. Steigt man dann vom Anleger aus noch etwa drei Kilometer bergauf, steht man unvermittelt vor einer gewaltigen Gletscherzunge, die in phantastischen Farben erstrahlt, ihre zerklüfteten und bizarren Eistürme und Spalten zeigt und den ganzen eiszeitlichen Formenschatz offenbart. Ein feiner, glitzernder Staub des Glimmerschiefers gibt der Oberfläche des Eises eine schwärzliche Färbung (daher der Name "Svartisen" - schwarzes Eis). Man sollte sich allerdings hüten, ohne entsprechende Ausrüstung auf das Eis zu gehen oder gar am Rande der Gletscherzunge in ein "Tor" oder unter die Dächer zu kriechen. Bei derlei Abenteuern hat es schon schlimme Unfälle gegeben. Mit etwas Glück kann man auch Steine mit rubinroten Granateinschlüssen finden, aber leider sind wir ja als Motorradfahrer mit unserem Gepäck eingeschränkt. Nur sollte man sich auf jeden Fall über die letzte Tagesabfahrt des Bootes informieren. Der Rückweg zu Fuß am Seeufer entlang ist nämlich beschwerlich und dauert lange. Dieser Teil des Gletschers heißt übrigens "Østerdalsisen".

Auf dem Rückweg lohnt sich noch der Abstecher nach *Hammernes* und weiter nach *Melfjordbotn*. Bei Hammernes sind wieder einige Höhlen mit Strudeltöpfen und Tropfsteinbildungen zu erkunden, die teilweise über 300 000 Jahre alt sind. Wenn wir weiter nach Melfjordbotn fahren (18 km), überwinden wir eine kleine Paßstraße von 430 Metern Höhe, die in 6 herrlichen Serpentinen bis hinab an den Fjord führt. Dieses kleine Fischerörtchen war bis vor ganz kurzer Zeit ausschließlich mit dem Schiff zu erreichen!

Weiter geht es nicht auf diesem Weg, und auf der Fahrt zurück zur E 6 können wir noch einmal die faszinierenden Rundblicke und, vor allem, das Kurvenfahren genießen, denn für die nächsten 150 Kilometer sind nun Kurven Mangelware!

Die Europastraße führt jetzt - gut ausgebaut - immer bergauf. Zunächst geht es durch Wälder, die aber bald durch schütteres Birkenholz abgelöst werden. Dieses weicht immer weiter zurück und mit zunehmender Höhe befinden wir uns schnell im Bereich der "Hochgebirgsvegetation", die wieder an die Tundra erinnert. Die Baumgrenze liegt hier etwa bei 550 Metern. Die Straße führt durch ein breites Tal hinauf, immer begleitet vom Ranafluß, dessen zahlreiche Schnellen und Wasserfälle im Frühsommer und nach Regenfällen hoch aufgischten. Ein weiterer Begleiter ist die Bahnlinie, die hier durch das *Dunderlandstal* auf die karge Hochfläche des *Saltfjells* und weiter nach Fauske und Bodø führt. Diese Bahn ist ein abenteuerliches Bauwerk, das streckenweise durch Holztunnel geführt wird, damit die Züge im Winter gegen Schneeverwehungen geschützt sind. Daß es hier gewaltige Schneemengen geben kann, erkennen wir auch

(FAST) ALLE WEGE FÜHREN ZUM NORDKAP

Wenn´s hart kommt: warm anziehen!

an den mancherorts errichteten hohen Fangzäunen aus Holz und an der Länge der Markierungsstangen längs der Straße. Im Winter ist hier zeitweise Kolonnenfahrt angesagt, damit niemand im Schneesturm verlorengeht.

Der Automobilclub NAF führt auch hier, ähnlich wie auf dem Dovrefjell, Wegpatrouillen durch und unterhält, für alle Fälle, ein Netz von Nottelefonen. Wenn wir vorher in Krokstrand noch getankt haben und das Motorrad auch sonst in Ordnung ist, müssen wir weder Wegpatrouille noch Nottelefon in Anspruch nehmen, sondern erreichen bald den Polarkreis.

Der Polarkreis: eine gedachte Linie

Der Polarkreis ist die gedachte Linie, wo einerseits das Land der Mitternachtssonne beginnt, wo andererseits im Winter auch die andauernde Dunkelheit das Leben sehr schwierig macht. Der Polarkreis hat für viele Menschen eine ähnliche Qualität, wie die Wendekreise, der Äquator, das

MIT DEM MOTORRAD IN NORWEGEN

> Nordkap oder vergleichbare Orte. Auch hier ist das "Ereignis Polarkreis" kommerziell und touristisch aufbereitet worden. Ein großer Parkplatz nimmt die Fahrzeuge der Touristen auf, die das große, moderne Kuppelgebäude aufsuchen wollen. Denn dort gibt es fast alles, was das Herz begehrt: Shop, Souvenirladen, Diashow, Stempelstelle für den begehrten Stempel "Polarsirkelen", Kafeteria, Toiletten und vieles mehr. Bei gutem Wetter hat man von hier natürlich eine herrliche Aussicht auf die kargen Hochflächen der Umgebung, die von eis- und schneebedeckten Gipfeln der bis zu etwa 1500 Meter hohen Berge überragt werden. Wir können draußen ein schönes Erinnerungsfoto machen und sollten nicht versäumen, an den Gedenkstätten für jugoslawische, polnische und russische Kriegsgefangene kurz innezuhalten. Von 1942 bis 1945 hatten die deutschen Besatzungstruppen nämlich insgesamt etwa 30 000 Kriegsgefangene und Zwangsarbeiter zum Ausbau der Bahnlinie eingesetzt, von denen die meisten bei der unvorstellbar harten Arbeit umkamen oder ermordet wurden.

Wir überqueren den Polarkreis in einer Höhe von 650 Metern über dem Meeresspiegel und selbst im Juli können wir von Schneefall überrascht werden, und die Straße wird praktisch den ganzen Sommer von Schneewällen oder -feldern gesäumt. So kann es, auch bei Sonnenschein, recht kalt sein und man sollte hier die Gelegenheit nutzen, sich in dem Pavillon gründlich aufzuwärmen. Wenn man auf dem Saltfjell übernachten will, findet man meist direkt an der Bahn auch etwas Holz von ehemaligen Schutzzäunen, um ein wärmendes Feuer anzuzünden. In trockenen Sommern ist das aber natürlich verboten!

Weiter geht die Fahrt über das Saltfjell mit seiner speziellen Vegetation und herrlichen Ausblicken. Die Pflanzen hier sind deshalb so interessant, weil sie auf seltenen geologischen Formationen wachsen. Der Kalkstein, der ja auch im Svartisengebiet die Tropfsteinhöhlen hervorgebracht hat, kommt hier als besonders harter Marmor vor. Dadurch suchen sich die Bäche und Flüsse oft ihren Weg unter dem Gestein, so daß es überall Grotten, Höhlen und natürliche Tunnel gibt. Wegen seiner Einmaligkeit in ganz Skandinavien ist das Saltfjell zum Naturreservat erklärt worden und wir sollten bemüht sein, die Natur möglichst unberührt zu lassen. Jede Veränderung, die wir hier hinterlassen, bleibt eine Ewigkeit bestehen! So sind die Spuren der samischen Urbevölkerung bei den Opfersteinen von Stødi, kurz hinter dem Polarkreis, Zeugen einer uralten Kultur, die noch im Einklang mit der Natur stand.

Wer Vogelbeobachtungen machen will oder gar Wildren, Vielfraß und Polarfuchs sehen will, muß schon eine genauere Karte besorgen, das Moped stehen lassen und eine Weile das Saltfjell durchstreifen. Für uns geht es aber weiter in den Norden. In Hestbrinken, wo es Tankstelle, Cafeteria und Campinplatz gibt, führt der nächste Übergang in östliche Richtung, über das Gebirge, ins schwedische Arjeplog. Wir bleiben jedoch auf der E6 und kommen in merklich tiefere Regionen: Es ist jetzt wieder bewaldet und deutlich wärmer, denn bald erreichen wir in *Rognan* den Saltdalsfjord, befinden uns also auf Meereshöhe. Wer plant, zu den Lofoten zu fahren, kann fünf Kilometer vor Rognan bereits nach Westen abbiegen. Die Reichsstraße 812 führt über Beiarn, Kvikstad und Saltstraumen nach Bodö, von wo aus es über den Vestfjord zu den Lofoten geht.

Wir können in Rognan noch schnell ein Heimatmuseum besuchen (Saltdal bygdetun), welches 20 alte Gebäude und viele Geräte und Gebrauchsgegenstände aus dem ganzen Saltdal zeigt. Danach führt uns unser Weg immer am Saltdalsfjord entlang, und endlich können wir wieder etwas Kurvenfahrt genießen. Linker Hand gibt es immer wieder herrliche Ausblicke auf Fjord und Inseln, während es rechts sehr steil hinaufgeht ins Gebirge. An einer besonders ausgesetzten Stelle hat man den Kvænflågtunnel in den Fels geschlagen, um die Straße vor Erdrutsch, Steinschlag und Lawinen zu bewahren. Diese 1700 Meter lange Strecke ist ein kleiner Vorgeschmack auf eine Serie von Tunneln, die uns jetzt bald erwarten.

Doch zunächst kommen wir nach Fauske, einer kleinen, aber bedeutenden Industrie- und Hafenstadt, die vor allem durch ihre Marmorsteinbrüche in aller Welt bekannt wurde. Hier können wir auch noch nach Westen abbiegen. Es sind auf der Reichsstraße 80 nur 63 Kilometer nach Bodø, beziehungsweise zur berühmten Reichsstraße 17.

Wildes Grenzland bei Sulitjelma

Wir können in Fauske aber auch einen kleinen Abstecher (36 Kilometer) nach Sulitjelma unternehmen. Dieses Örtchen lebte einmal vom Bergbau. In einem Bergwerksmuseum (im Sommer von 11 bis 15 Uhr geöffnet) kann man sehen, wie hier früher Kupfer und Zink abgebaut wurden. Auch der erste elektrische Schmelzofen der Welt kann besichtigt werden. Wer bleiben möchte oder gar einige Wanderungen in der Umgebung unternehmen will, kann auf einem kleinen Campingplatz zelten oder eine Hütte mieten. Von

MIT DEM MOTORRAD IN NORWEGEN

> hier aus kann man die Gletscherregion des Blåmannsisen besuchen. Gut gekennzeichnete Wanderwege führen sogar bis in das wilde Grenzgebiet nach Schweden.

Fauske - Narvik

(Streckenlänge: ca 243 Kilometer)

Zurück zu der uns inzwischen so vertrauten E6. Wir werden durch Fauske hindurchgeführt. Auf gerader Strecke geht es über das Gebirge und gleich wieder hinab nach Straumen. Straumen heißt übrigens immer, daß sich eine Bucht oder ein Fjord so verengt, daß, je nach Tide, das Meerwasser mit unvorstellbarem Druck landeinwärts oder zurück ins Meer strömt. Das sind normalerweise Stellen, wo es sich lohnt, eine Pause einzulegen, die Angel auszupacken und für das Abendessen zu sorgen. In diesem Ort Straumen vergeht einem allerdings wegen der ortsansässigen Industrie die Lust darauf, und es ist besser, die Angelpartie auf später zu verschieben. Auf den folgenden 80 Kilometern können wir froh sein, nicht als Radfahrer geboren zu sein. Wir müßten dann nämlich unseren Drahtesel in einem Bus verstauen, da die nun folgenden Tunnelstrecken für Fahrräder gesperrt sind! Wir müssen und dürfen uns auf einiges gefaßt machen. Die Straße verläuft in eleganter Führung am Fjord entlang und man muß schon aufpassen, damit man sich noch ausreichend auf den Verkehr konzentriert. Denn für Ablenkung ist gesorgt: Wasserfälle, phantastische Ausblicke auf das Meer mit seiner Inselwelt, Fischkutter, die ihren Kurs verfolgen, bizarre Bergformationen, die fast senkrecht bis ans Wasser reichen, gewagte Brückenkonstruktionen, die Buchten abschneiden und unvermittelt, dann wenn wir denken, daß es nicht mehr weitergeht, verschwindet die Straße in einem schwarzen Loch. Insgesamt 17 Tunnelbauwerke verkürzen den Weg, machen ihn teilweise erst möglich.

Vor wenigen Jahren noch mußte man Fähren benutzen und beschwerliche Bergstraßen bewältigen, die im langen, harten Winter oft genug tagelang gesperrt waren. Da nehmen wir gern die Erfahrung der Tunnelfahrten in Kauf. Insgesamt sind es mehr als 20 Kilometer Tunnelstrecke, und mache Röhre ist nur dürftig beleuchtet, sehr schlecht belüftet und naß aus allen Richtungen. Wenn nicht gerade Baustellen eingerichtet werden oder wassergefüllte Schlaglöcher die Fahrbahn verzieren, kommt man recht gut voran. Man muß vorher jedenfalls gut durchatmen, da die Tunnel bis zu 4,5 Kilometer lang sind. Spätestens beim letzten weiß jeder, wie er mit dem Gestank, dem wechselnden Licht, dem beschlagenden Visier und den Temperaturunterschieden umgehen kann. Denn gerade im Sommer, wenn es "draußen" eher angenehm warm ist, empfindet man vier Kilometer Tunnelfahrt als grauslich kalt! Außerdem ist das ganze Unternehmen nicht umsonst: Die Baukosten für Tunnel und Brücken werden durch eine Maut auf die Benutzer umgelegt. Entschädigt wird man durch die überwältigend schöne Landschaft, an deren Anblick man sich begeistern kann.

Wenn es dann wieder hinaufgeht ins Gebirge, ist der *Kråkmotind* mit 924 Metern die eindrucksvollste Berggestalt. Er wurde während der Eiszeit von gewaltigen Eis-massen umflossen und glatt-gehobelt. Wenn man ihn bestei-gen will, um eine phantastische Aussicht zu genießen, muß man gutes Wetter haben und etwa 2 Stunden Fußweg für den Aufstieg rechnen. Wenn wir dann weiterfahren, kommen wir nach etwa zwei Kilometern nach Vassmo. Dort führt eine Straße nach Westen, die erst 1990 eröffnet wurde (Reichsstraße 835). Sie bringt uns in den Außenfjordbereich mit kahlen Schären, Inselchen, Sunden und abgelegenen Bergstöcken. Auch für Schotterfanatiker sind hier genügend Seitenwege, die zu Zeltmöglichkeiten und Angelplätzen führen und die durch fast unberührte Natur verlaufen. Der einzige Preis, der für diesen Weg zur Reichsstraße 81 zu zahlen ist: der mit 8,2 Kilometern Norwegens zweitlängster Tunnel, gleich hinter der Abzweigung beginnend.

Helleristninger - unvergängliche Spuren

Wir schauen uns lieber an der E6 bei Tømmernes die "helleristninger" an, Felsgravuren die etwa 4000 bis 8000 Jahre alt sind. Diese Spuren der Ureinwohner Norwegens sind im ganzen Lande zu finden und immer als Kulturdenkmäler gekennzeichnet. In Tømmernes sind es unter anderem zwei meisterlich dargestellte Rentiere, die den Betrachter begeistern können. So mögen die Menschen der Nacheiszeit ihr Jagdglück beschworen haben!

MIT DEM MOTORRAD IN NORWEGEN

Eigenartig beeindruckend: Felsgravuren überall in Norwegen

Die Europastraße wird nun wieder kurvenreicher, was bei dem guten Ausbauzustand aber eher Freude macht, und ein Überholen der zahlreichen Wohnmobile, Campinggespanne und Lastwagen ist auch ab und zu möglich. Irgendwie wird bei vielen Verkehrsteilnehmern eine gewisse Hektik spürbar. Zunächst ist es nicht so recht zu erklären, aber ein Blick auf die Karte wird bald den Grund zeigen. Vor 20 Jahren noch war diese Hektik typisch für die Hauptverbindungen im Norden: Je näher man an eine der zahlreichen Fähren kam, um so mehr war man bedacht, durch möglicherweise waghalsige Manöver doch noch die nächste Fähre zu erreichen, oder, zumindest, eine günstige Position in der Warteschlange zu ergattern. Wir nähern uns hier zwei Fährstationen: Da zweigt in Ulvsvåg die Reichsstraße 81 ab, die über Hamarøy nach Skutvik führt. Hier ist die wichtigste Fährstelle, um nach Svolvaer auf den Lofoten überzusetzen. Außerdem führt die E6 nun, herrliche Ausblicke auf die Berge, den Fjord und - in der Ferne - auf die Lofoten

(FAST) ALLE WEGE FÜHREN ZUM NORDKAP

bietend, direkt zur Fährstation Bognes, die wir in jedem Falle benutzen müssen. Wenn die Zeit es erlaubt, fahren wir allerdings noch ein Stück nach Norden, wo, herrlich in die Landschaft gebettet, eines der großartigsten Felder mit Felsgravuren in *Korsnes* besucht werden kann. Die rote Farbe, mit der die über 40 Darstellungen von Elch, Rentier, Bär, Wal, Fisch und Vogel ausgefüllt sind, stammt noch aus der Steinzeit vor vier bis 5000 Jahren. Wer dieses Kulturdenkmal ein wenig studieren will und erst am nächsten Tag die Fähre nimmt, kann im "Korsnes Rorbugrend" übernachten.

Rorbu - das ist eine kleine, einfache Unterkunft in einer Hütte, die früher den Lofotfischern in der harten Fischsaison von Januar bis März als Bleibe diente. Aus ganz Norwegen kamen die Fischer im Winter, teilweise mit kleinen Segelschiffen, um den laichenden Dorsch zu fangen. Drei Monate lang hausten sie unter primitivsten Bedingungen, um den Lebensunterhalt für die Familie für ein ganzes Jahr zu erwirtschaften.

Beste Aussichten

Bognes ist Fährstelle für zwei wichtige Verbindungen: Einmal geht es nach Lødingen und Harstad auf den Vesterålen - von Süden kommend die kürzeste Anbindung, die auch wir für einen "kurzen" Schlenker durch die Inselwelt nutzen könnten. Zum anderen gibt es die 25-minütige Überfahrt nach Skarberget, die zwischen 05.55 und 23.20 Uhr im Pendelverkehr betrieben wird. Also: Wir müssen jedenfalls darauf achten, uns in der richtigen Warteschlange einzuordnen. Wartezeit an der Fähre heißt übrigens immer: Angelzeit oder Zeit, mit anderen Wartenden etwas zu klönen.
Bald sieht man die Fähre ankommen, und es ist schon interessant, wieviele Fahrzeuge das Schiff ausspuckt und natürlich besonders die bunten, unterschiedlichsten Motorräder mit teilweise abenteuerlicher Besatzung und Beladung. Dann geht es an Bord, und das Bike ist wieder auf dem Hauptständer am sichersten aufgehoben. Die Spannriemen können aber getrost verpackt bleiben! Bei schönem Wetter lohnt es sich, auf dem Sonnendeck die herrliche Landschaft zu genießen: Wir überqueren den tiefsten Fjord Nordnorwegens, der in eine wildromantische Landschaft gebettet ist. Linker Hand erkennen wir die berühmte Vogelinsel Bekkenes und in der Ferne die Vesterålen-Inseln. Im Osten reckt sich, wie ein natürlicher Obelisk, der 1381 hohe Stetind fast senkrecht auf. Er diente immer schon als natürliches Seezeichen und ist seit einiger Zeit beliebte Herausforderung für extreme Felskletterer. Auch vor uns liegt ein wahres Bergsteigerparadies. Wir nähern uns rasch herrlichen, vom Eis

MIT DEM MOTORRAD IN NORWEGEN

glattpolierten, grauglänzenden Felswänden, die in bizarren Formen fast senkrecht bis zu 900 Metern aus dem Meer zu ragen scheinen.
Ist das Wetter schlecht, lohnt es, sich in der bordeigenen Kafeteria etwas aufzuwärmen und eine Kleinigkeit zu sich zu nehmen. Dort trifft man auch die Einheimischen und selbst ohne große Übung hört man, daß die norwegische Sprache hier im Norden ganz anders klingt, ein Singsang, der eher an das Schwedische erinnert.
Fast zu schnell geht die Überfahrt vorüber und wir tun gut daran, uns für die Weiterfahrt gleich eine günstige Position in der Fahrzeugschlange zu erobern. Denn nun geht es recht steil bergan bis auf 255 Meter, und da hat man nicht gern einen qualmenden Schwerlaster oder einen Campingbus vor sich. Die würden nur den weiterhin atemberaubenden Blick auf die viele hundert Meter hohen, glatten Bergstöcke in den wundersamsten Formen verwehren, und man gerät, wenn die Sonne scheint, in einen wahren Formen- und Farbenrausch. Hier im Norden läßt nämlich die saubere, klare Luft und die intensive Lichtstrahlung eine unvorstellbare Farbwahrnehmung zu. Wenn wir dann noch unseren Blick für das Leben am Wegesrand bewahrt haben, werden wir feststellen, daß hier an der Straße noch Blumen in Hülle und Fülle wachsen, die es bei uns nur noch selten gibt. So erfreuen Glockenblumen, Margeriten und Weidenröschen den Reisenden, und eigentlich wächst unentwegt die Lust zum Verweilen.

Das Verweilen bietet sich an auf einem kleinen Campingplätzchen in Efjord, das man erreicht, wenn man 18 Kilometer hinter Skarberget wieder ans Meer gelangt. Dort führt eine 550 Meter lange Brücke über den Kjerringstraumen in einer freien Höhe von 18 Metern. (Wer hier angeln will, muß sich etwas vorsehen! Die Strömung ist ganz besonders reißend! Um erfolgreich zu angeln muß der Pilker schon mindestens 250 Gramm schwer sein). Wenn man direkt hinter der Brücke links abbiegt, erreicht man nach etwa zehn Kilometern den idyllischen Campingplatz mit gemütlichen Hütten und in einsamer Umgebung gelegen. Je nach Jahreszeit kann natürlich romantischer Sonnenuntergang am Meer nicht versprochen werden, da wir uns ja im Land der Mitternachtssonne befinden.
Gut ausgeruht, haben wir dann am nächsten Tag nur noch eine Steigung zu überwinden, bevor wir in *Ballangen* an den berühmten Ofotfjord gelangen. An dessen Ufern und Buchten geht es nun in flotter Kurvenfahrt entlang und wir kommen nach 35 Kilometern an die über 700 Meter lange und in 35 Metern freier Höhe gewagt angelegte Brücke über den Skjomen, einen Nebenarm des Ofotfjords. Diese traumhaft einsame Fjordbucht ist etwa 20 Kilometer lang und wenn wir einen Abstecher in die am Nordufer geführte Stichstraße

(FAST) ALLE WEGE FÜHREN ZUM NORDKAP

wagen, werden wir durch faszinierende Ausblicke auf den Fjord, seine schroffen Ufer und die vergletscherte Bergwelt belohnt, die in der 1576 Meter hohen "Schlafenden Königin" ihre wahrhaftige Krönung findet.

Narvik - jede Menge Eisen

Nach Rückkehr zur E6 bleiben uns noch etwa 20 Kilometer bis *Narvik,* und bald taucht die Stadt auf, die aus verschiedenen Gründen Berühmtheit erlangt hat. Schon aus großer Entfernung sehen wir über die Bucht hinweg die rauchenden Schlote, riesige, rotbraune Halden, eine gewaltige Laderampe und sicher auch mehrere große Frachtschiffe, die mitten in der Ortschaft zu liegen scheinen. Und damit wissen wir schon, was Narvik eigentlich ausmacht, was es immerhin etwa 18 000 Einwohner groß gemacht hat: das Eisenerz!

Vor ungefähr 110 Jahren wurde Narvik gegründet, damit ein schwedisch-britisches Konsortium über diesen eisfreien Hafen Erz aus Kiruna in Nordschweden unabhängig von der Jahreszeit verschiffen konnte. Zu diesem Zweck wurde die berühmte "Erzbahn" (Ofotbahn) über das Fjell gebaut, und seither wurden im Schnitt jährlich 20 Millionen Tonnen Eisenerz über Narvik verschifft. Heute können Schiffe bis 350 000 Tonnen Ladekapazität dort über eine vollautomatische Laderampe bedient werden, und sehr viele Menschen verdienen direkt oder indirekt ihren Lebensunterhalt mit dem Transfer von schwedischem Erz. Das "Turistkontor" vermittelt geführte Besichtigungen der Anlagen.

Einen guten Überblick über Narvik und das umgebende Fjordgebiet erhält man, wenn man mit der Ofotbahn den schwindelerregenden Aufstieg hoch hinauf auf das wilde *Bjørnfjell* unternimmt. Nach etwa 45 Minuten ist man an der schwedischen Grenze und kann mit dem Gegenzug wieder hinunterfahren.

Eine wirkliche Attraktion aber ist die Fahrt mit der Seilbahn ("fjellheisen") auf die 700 Meter hoch gelegene Bergstation des Fagernesfjells oberhalb Narviks. Die Bahn wird im Sommer bis zwei Uhr morgens betrieben, und ein Restaurant lädt zur Einkehr. Neben der phantastischen Aussicht über Fjorde, Berge und Inseln kann man zwischen dem 10. Juni und 8. Juli "Mitternachtssonne" pur erleben. Im Winter sind übrigens die beleuchteten Skipisten des Alpinzentrums hier oben in Betrieb.

Im Ort selbst gibt es noch einige andere Sehenswürdigkeiten, die den Aufenthalt interessant machen: Außer der Erzverladung kann man im "Brennholtet-Park" Felsgravuren anschauen. Der lebensgroße Elch ist besonders beeindruckend. Von 10 bis 22 Uhr ist im Sommer das "Krigsminnemuseet" geöffnet, ein Museum, das umfassend über die Begebenheiten während des zweiten Weltkrieges im Raum Narvik, vor allem im Frühjahr 1940, informiert. Ein Hauptgrund und daher auch ein

MIT DEM MOTORRAD IN NORWEGEN

> Schwerpunkt der deutschen Invasion war ja die Bedeutung des Erzhafens Narvik, und daher haben hier besonders erbitterte Kämpfe stattgefunden. Überall sind noch heute die Spuren zu finden, die dieser Krieg in der Landschaft, aber auch in den Herzen vieler Menschen hinterlassen hat.
> Bevor wir uns dann weiter auf den Weg nach Norden machen, sollten wir noch die Stelle aufsuchen, die für ganze Generationen von Nordlandreisenden fast zur Kultstätte geworden ist: der berühmte Wegweiser von Narvik. Wir finden ihn auf einem kleinen Parkplatz am Abzweig in den Ortsteil Frydenlund in der Nähe des Rathauses. Er zeigt Richtung und Entfernung zu mehr als 20 Orten in ganz Europa. Nun weiß man es ganz genau: Nach Hamburg (2386 km) ist es von hier aus fast so weit wie zum Nordpol (2420 km). Da sind die angezeigten 672 km bis zum Nordkap vergleichsweise ein Katzensprung. Wenn wir uns sputen, können wir das sogar in einer etwas längeren Etappe schaffen!
> Wenn man plant, einen Abstecher nach Kiruna zu machen, oder gar über Schwedisch-Lappland zum Nordkap möchte, kann man 14 Kilometer hinter Narvik die E6 verlassen und auf der E10 hinauf aufs Bjørnfjell fahren. Eine lohnende Alternative zu dem Weg, der auf der E6 vor uns liegt! In Riksgrensen verläßt man dann Norwegen und fährt ein langes Wegstück neben der Erzbahntrasse her.

Narvik - Alta: mit Sitzfleisch in einem Tag

(Streckenlänge: ca 524 Kilometer)

Wenn wir den Tag in Narvik verbummelt haben, empfiehlt es sich, noch etwa 60 Kilometer aus der Stadt hinausfahren und einen kleinen Campingplatz aufzusuchen, der von der Lage, der Ausstattung und der Betreuung her sehr zu empfehlen ist! Dazu verläßt man die E6 in *Bjerkvik* (E10 Richtung Harstad). Nach 17 Kilometern geht es auf der 829 rechts ab in Richtung Grovfjord, und nach kurzer Fahrt erreicht man *Annamo*-Camping. Dieser Platz wird von einem Schweizer mustergültig betreut, und viele Biker haben schon von der herzlichen Aufnahme gerade für Motorradfahrer geschwärmt. Das traumhafte Panorama prägt sich außerdem für lange Zeit ein. Wir können am nächsten Tag gut ausgeruht entweder denselben Weg bis Bjerkvik zurückfahren, oder der 829 bis Grovfjord folgen, von wo aus die 825 immer am Fjord entlang über Gratangen bis *Storfossen* führt, wo wir die E6 wieder erreichen. Dieser kleine Schlenker lohnt sich wegen der

(FAST) ALLE WEGE FÜHREN ZUM NORDKAP

guten Übernachtungsmöglichkeit und wegen des Fahrvergnügens, das die kleinen, kurvigen Straßen bieten. Da hier sehr wenig Verkehr ist, haben wir auch keinen sehr großen Zeitverlust zu fürchten.

Den Unterschied zu der unbefangenen Kurverei spüren wir gleich wieder auf der E6, die relativ eintönig, nur mit wenigen, langgezogenen Kurven durch weite Täler auf das Fjell hinaufzieht, nach Setermoen. Grandiose Ausblicke entschädigen etwas für den entgangenen Kurvenspaß. Seit Narvik müssen wir nun außerdem verstärkt mit Rentieren rechnen. Man sollte ab jetzt besonders aufmerksam die Straße und ihre Ränder beobachten und immer wieder an das denken, was im Kapitel 2 über Rentiere steht!

In *Setermoen* beginnt für die nächsten 30 Kilometer ein militärisches Sperrgebiet, in welchem man nicht unbedingt sein Zelt aufschlagen sollte. Außerdem zieht es uns ja weiter nach Norden und etwa 20 Kilometer hinter Setermoen bietet es sich in *Elverum* an, die E6 zu verlassen.

Bei den Samen

Die Reichsstraße 87 führt über 77 Kilometer durch eine herrliche Berglandschaft, vorbei an Gipfeln und weiten Hochflächen, Seen und gischtenden Stromschnellen. Im Sommer haben hier, wie auch an der E6, "Touristensamen" ihre Kotas (oder Katas: typische Zelte der Nomadenvölker der nördlichen Polargebiete) aufgestellt und verkaufen allerlei Souvenirs an die Reisenden. Wir Biker haben ja so wenig Platz, daß wir uns eigentlich kein größeres Andenken leisten können. Anzuhalten lohnt sich aber dennoch an einigen Lagern, schon um einen Einblick in die Vielfalt des Angebotenen zu bekommen, einen kleinen Eindruck mitzunehmen von den Menschen, die hier leben und von dem, was sie in den dunklen Winternächten angefertigt haben. Eine angenehme Art, sich die Füße zu vertreten. Wenn wir dann in *Øvergård* wieder auf die E6 stoßen, haben wir nicht nur 7 Kilometer eingespart, sondern auch eine einzigartige Landschaft durchfahren.

Auf der E6 ist der Verkehr wieder stärker und wir nehmen verwundert zur Kenntnis, daß wir hier in Nordkjosbotn auf eine zweite Europastraße treffen, die E8. Sie kommt aus Finnland (Karesuando) und verläuft auf ihrem Weg dorthin ein Stück zusammen mit der E6. Ob man von hier aus einen Abstecher nach Tromsø macht, ist nur eine Zeitfrage, denn der Weg in diese Stadt lohnt sich in jedem Falle!

MIT DEM MOTORRAD IN NORWEGEN

Tromsø - Tor zum Norden

Tromsø hat ungefähr 52 000 Einwohner und ist eine "Hauptstadt des Nordens". Man erreicht Tromsø auf der Europastraße 8. Die Stadt ist auf zwei Inseln gelegen, und zwei großartige Brücken von jeweils mehr als 1000 Metern Länge stellen die Verbindung vom Festland beziehungsweise zur nächsten Insel dar. Von hier aus kann man nach Westen, Norden und Süden die Inselwelt erobern und das Leben hier im Norden kennenlernen. Die Menschen in und Tromsø leben von der Fischerei, Fischveredelung, Landwirtschaft und Rentierzucht sowie der entsprechenden Veredelungswirtschaft. Außerdem sind viele Norweger hier in der Industrie beschäftigt. 4000 Studenten und etwa 13 000 Schüler besuchen die Universität beziehungsweise die Schulen und Hochschulen. Dementsprechend munter und stimmungsvoll spielt hier das Leben. Die Mitternachtssonne ist vom 21. Mai bis zum 23. Juli zu sehen. Im Sommer sind die Straßen und Plätze der Altstadt sehr belebt, und sieht man die Geschäfte, die fliegenden Händler, Straßencafés und das bunte Treiben dort, wähnt man sich irgendwo in Südeuropa, nicht aber im hohen Norden.

Die Altstadt ist wirklich sehenswert! Bunte Holzhäuser drängen sich um enge Gassen und Sträßchen oder schmücken breite Plätze und Straßen. Verschiedene Museen, Kirchen und Kunstausstellungen können besichtigt werden. Das Polarmuseum ist dabei besonders interessant, da hier eine interessante Sammlung über die Polargebiete und Polarforschung zusammengetragen wurde (im Sommer von 11.00 bis 17.00 Uhr geöffnet). Ähnlich, wie in Narvik, gibt es auch in Tromsø eine Gondelbahn, die auf 420 Meter Höhe führt und einen herrlichen Blick auf die Stadt und das umliegende Küstengebiet ermöglicht. Sie verkehrt täglich von 11.00 bis 17.00 Uhr, während der Zeit der Mitternachtssonne sogar zusätzlich von 21.00 Uhr bis eine halbe Stunde nach Mitternacht. Bei schönem Wetter werden nicht nur romantische Seelen hier das Schwärmen beginnen!
Früher war Tromsø Ausgangspunkt vieler wichtiger Polarexpeditionen, und berühmte Forscher, wie Nansen, Amundsen und André sind von hier aus aufgebrochen. Heute wird die Erschließung des Nordpolarmeeres von Tromsø aus bewerkstelligt. Der gesamte Verkehr von und nach Spitzbergen (Svalbard) wird über Tromsø abgewickelt. Da kribbelt es schon im Herzen, das Motorrad einige Tage stehenzulassen und einen schnellen Trip nach Spitzbergen zu wagen. Vielleicht später mal! Noch einmal geht es in 43 Metern Höhe über die mächtige Tromsøbrücke, diesmal nach Südosten, und wir befinden uns wieder auf "unserer" E6. Wir dürfen ja das eigentliche Ziel unserer Fahrt, das Nordkap, nicht vergessen.

Die "Lyngenalpen" - alles fast wie Neuseeland

Wir setzen unseren Weg auf der E6 fort, hinab bis zum Fjord. Bisher ergeht es vielen Reisenden so, daß sie von der Vielfalt der Eindrücke immer aufs Neue überwältigt waren und eine Steigerung nicht für möglich hielten. Auf unserem Weg nach *Alta* müssen wir nun aufpassen, daß wir nicht in einen "Rauschzustand" geraten. Bei einigermaßen günstigem Wetter passieren wir ein abwechlungsreiches, grandioses Schauspiel der Natur: Der Lyngenfjord mit der Kulisse der dahinter gelegenen Gletscherberge, Fischerboote und Trockengestelle voller Stockfisch, vorgelagerte kleine und große Inseln, hinter und neben uns gewaltige, steil aufragende Bergriesen, dann plötzlich steil hinauf in einsame Fjells, der Schnee noch zum Greifen nahe, Samenlager, Rentiere, und dann wieder hinab zum Fjord, dann geht es erneut hinauf ins Gebirge, zu neuen Ausblicken und wunderbaren Eindrücken.

Ein Biker hat mal gesagt: "Wenn es hier auch noch Vulkane gäbe, müßte man eigentlich gar nicht nach Neuseeland!" Das kann man durchaus so sehen, und es gibt auf unserem Weg immer noch Steigerungen! In *Skibotn*, wo der eigentliche *Lyngenfjord* beginnt, trennen wir uns von der E8, die hier nach Süden in Richtung Finnland (Kilpisjärvi, Muonio und Tornio) führt. *Skibotn* ist ein Schmelztiegel der Völker: Samen aus allen skandinavischen Ländern, Norweger, Schweden und Finnen haben sich hier seit Jahrhunderten zu Märkten getroffen, ihre Waren ausgetauscht und sind auch seßhaft geworden. Weiter geht es am Lyngen entlang, und in Odden haben wir den Eindruck, in Richtung Norden über den Fjord geschaut, sei nur noch Wasser - Fjord, Eismeer und dann, irgendwo, das Polareis und der Nordpol. Die Straße bringt uns bald nach Kåfjord. Hier führt die Fähre über den Lyngenfjord, und die Straße geht dann weiter nach Tromsø - eine selten genutzte, aber faszinierende Strecke zu der "Metropole" des Nordens. Hier ist auch der Blick über den Fjord auf die "Lyngenalpen" besonders eindrucksvoll. Ein letztes Mal schauen wir auf das freie Wasser Richtung Norden vom Aussichtspunkt Spåkenes bei *Djupvik* aus, und wir wenden uns mehr nach Nordosten. Nach etwa 16 weiteren Kilometern am Fjord entlang geht es nun kurz, heftig aber glücklicherweise mal wieder kurvig auf eine Hochfläche hinauf und bald darauf wieder zum Fjord hinunter.

MIT DEM MOTORRAD IN NORWEGEN

> ### Reisa - Nationalpark - unberührte Natur und "wilde" Tieren
>
> Wir kommen nach Storslett/Nordreisa, wo sich für den Reisenden, der wenigstens etwas Zeit übrig hat, wiederum ein Leckerbissen anbietet. Auch der Liebhaber von Schotterpisten oder Ölkiesstraßen kommt auf seine Kosten. In Storslett biegt nämlich die RV 365 nach rechts ab, und sie führt in den fast unberührten Reisa Nationalpark. Bis zu 1300 Meter hoch kann man eine unvorstellbar artenreiche Vegetation erleben, ein weites, offenes Tal durchfahren und wieder unvergeßliche Ausblicke genießen. Das Motorradfahren ist hier ein echter Genuß. Die Gewässer sind lachsreich, und hier jagen noch Bär, Vielfraß, Polarfuchs und - umherstreifend - der Wolf. Das Reisadal und seine angrenzenden Regionen gelten außerdem als Refugium für zahlreiche Greifvogelarten und Eulen. Aber keine Sorge: Die Wildtiere sind keine "wilden Tiere" und haben zu viel Angst vor dem Menschen, als daß wir uns um unsere Sicherheit besorgen müßten. Zudem gilt dieser Nationalpark auch als ein "geologisches Fenster". Verschiedenste Formationen und Gesteinsarten zeugen sichtbar von den geologischen Wurzeln des Landes.
> Die Menschen haben natürlich auch ihre Spuren hinterlassen, aber immer in größtmöglichem Einklang mit der Natur. Samische, schwedische, norwegische und finnische Kultur und Lebensart verschmelzen hier, da Bewohner all dieser Länder sich hier trafen und vermischten, ähnlich wie in Skibotn. So ist es müßig zu erwähnen, daß es sich lohnt, hier zu verweilen. Wenn es an Zeit fehlt, wird man sich sicher vornehmen, ein anderes Mal wiederzukommen und mehr Muße mitzubringen.

Köstlichkeiten am Wegesrand

Wir kehren also in Storslett auf die E6 zurück oder haben gleich auf den Abstecher ins Reisadal verzichtet und fahren auf der E6 weiter. Zunächst geht es immer am Fjord entlang, und wenn wir schnell einige große Dorsche oder Seelachse fischen wollen, müssen wir in *Straumfjordheimen* am Straumen eine kleine Angelpause einlegen. Der Erfolg ist fast sicher! Kurz darauf kommen wir nach Mettevoll. So unglaublich es klingt: In der Saison, daß heißt ab Mitte Juli, werden hier Erdbeeren geerntet und verkauft! Sie sind nicht nur deshalb so köstlich, weil man sie lange entbehrt hat, sondern sie sind hier im hohen Norden, wo man derlei Genüsse nicht vermutet, besonders aromatisch. Überall an der Straße stehen dann Kinder und verkaufen die Früchte zu erschwinglichen Preisen. Selberpflücken ist aber

(FAST) ALLE WEGE FÜHREN ZUM NORDKAP

Das Kvænangsfjell - Heimat der Kautokeinosamen

billiger und für uns eine willkomene Abwechslung. Wir können doch nicht nur von Fischen und, je nach Saison, von Pilzen leben!

Über das Kvænangsfjell bis Alta

Dann geht es auch schon wieder in schönen Kurven hinauf auf den Scheitelpunkt dieser Etappe, das 402 Meter hohe *Kvænangsfjell*. Hier ist wieder eine herrliche Landschaft zu bewundern, und an dem Lager der Kautokeinosamen sollten wir wirklich nicht vor-beifahren! Die ausgestellten Handarbeiten und anderen An-denken geben einen bunten Eindruck vom Leben der halbnomadischen Rentierzüchter. Wenn wir uns aber verdeutlichen, wie abgeschieden das Land ist, welche harten Bedingungen zu bestehen sind und daß diese Menschen hart arbeiten müssen, um überhaupt überleben zu können, ist das

MIT DEM MOTORRAD IN NORWEGEN

Ganze weniger romantisch. Hier können wir übrigens auch einige Erdhütten sehen, wie sie früher oft als einzige "feste" Behausung in ganz Lappland von den Samen errichtet wurden. Es war die "Winterwohnung", während man im Sommer die Kota benutzte.

Auf dem Fjell erreichen wir auch einen großen Gasthof mit einer ganzen Reihe von Hütten, die "Gildetun gjestgiveri".

Sie paßt sich in ihrer Bauweise hervorragend in die Landschaft ein und ist im Innern mit sehenswertem Inventar aus der Umgebung eingerichtet. Wir sollten hier einen kleinen Halt einlegen und uns wieder etwas die Füße vertreten. Die Aussicht von diesem Punkt aus ist phantastisch! Wir befinden uns hoch über dem Fjord und blicken weit über die Inselwelt mit hoch aufragenden Bergen; in der Ferne glitzert der Gletscher Øksfjordjøkelen und wenn wir bis Mitternacht ausharren würden, könnten wir möglicherweise eine Mitternachtssonne erleben, wie sie sonst nur auf Kalenderblättern oder in Werbeprospekten vorkommt.

Wir können noch einige herrliche Kurven genießen, bevor wir wieder unten am Fjord sind. Eine etwa 300 Meter lange Brücke überspannt den Sørstraumen, in dem man erfolgreich sein Fischglück versuchen kann. Die E6 folgt nun gut ausgebaut fast immer den Ufern der Fjorde, und wir erleben den Kontrast zwischen beschaulicher Idylle, wildromantischer Einsamkeit und menschlichem Gewerbe. Dort, wo gesiedelt werden kann, leuchten die Holzhäuser in bunten Farben, wir finden kleine Werften, Ölbunker, Fischkutter, Kühlanlagen, hölzerne Anleger, moderne Betonkais, alte Trockengerüste für Stockfisch, bunte Bojen und Netzfahnen auf dem Wasser und die großen, mit Pontons verbundenen Ringe der "Lachsfarmen". Lachsaufzucht und -mast ist, nachdem die Kutterfischerei immer schlechtere Ergebnisse brachte, zu einem wichtigen Erwerbszweig in den Fjorden Nordnorwegens geworden.

Alta

Dort, wo wir den Altafjord erreichen, biegt die Straße in einer scharfen Kurve nach Süden ab, und wir können in der Ferne schon Alta erahnen. Das Fjordufer ist nun dichter besiedelt, und wir durchfahren zahlreiche kleine Ortschaften. Das wird uns etwas aufhalten, da es sich auch hier empfiehlt, die vorgeschriebene Höchstgeschwindigkeit nicht zu überschreiten! Im Gegensatz zu anderen Fjorden wird der Altafjord an seinem Ende immer breiter, und dort, wo er am breitesten ist, liegt dann die kleine, aber wichtige

(FAST) ALLE WEGE FÜHREN ZUM NORDKAP

Hauptstadt der Region: Alta. Dieser Ort ist wirtschaftliches, kulturelles und politisches Zentrum der Finmark und hat immerhin etwa 10 000 Einwohner! Die Menschen arbeiten hier in den vielen verschiedenen Gewerbe- und Industrieunternehmen, betreiben Handel, verwalten und bieten vielerlei Dienstleistungen an. Die wichtigsten Wirtschaftszweige findet man hier in ausgedehnten Schiefersteinbrüchen, Bergwerken für Rohstoffe zur Glasherstellung, Fischerei und Fischveredelung sowie alle damit zusammenhängenden Werkstätten, Werften und Handelsorganisationen. Außerdem werden an der Hochschule mehr als 4000 Studenten in unterschiedlichen Fachrichtungen ausgebildet. Die Stadt hat auch noch einige Berühmtheit erlangt, weil hier vor einigen Jahren mit großen Demonstrationen verhindert wurde, daß der einmalig schöne Alta-Canyon in den Fluten eines Riesenstausees versank. Das Projekt wurde geändert, viel weiter oberhalb wurde ein immerhin noch 110 Meter hoher Staudamm mit dazugehörigem Kraftwerk errichtet, und der Schaden für die Natur und die Existenz der Rentiernomaden konnte relativ gering gehalten werden. Kurz hinter Alta können wir nach rechts abbiegen und erleben, wenn wir etwa 40 Mehrkilometer in Kauf nehmen wollen, auf einer gut befahrbaren Ölkiesstraße die herrliche Landschaft des Canyon und durchfahren ein Land, das so andersartig gegenüber dem bisher Geschauten ist. Gut, daß es erhalten geblieben ist!

Das "Welterbe" kann sich sehen lassen!

Alta birgt außerdem noch einen besonderen kulturellen Schatz. Kurz vor dem Ortseingang gibt es ein Museum, in dessen Bereich fast 2000 Felsgravuren und sieben vorgeschichtliche "Wohnanlagen" bestaunt werden können. Alles ist 5 bis 9000 Jahre alt und wurde als erstes nordisches Kulturdenkmal Nordeuropas in die UNESCO-Liste "World Heritage" aufgenommen. Das Museum ist sehr sehenswert. Es zeigt nämlich auch die Geschichte der Region von der Steinzeit bis heute und wir erhalten einen sehr guten Überblick über alles Wichtige. Das Museum ist von Juni bis August täglich von 08.00 bis 23.00 Uhr geöffnet.

Alta - Russenes: mal richtig Highway-Gefühle!

(Streckenlänge: ca 103 Kilometer)

Von Alta aus führt die Reichsstraße 93 nach Süden über die Finnmarksvidda nach *Kautokeino* und weiter nach

MIT DEM MOTORRAD IN NORWEGEN

Finnland. Hier treffen wir auf die Reisenden, die über Finnland oder Schweden angereist sind, oder die die E6 in Narvik Richtung Kiruna verlassen haben.

Unser Weg führt uns von hier an wieder nach Norden, zunächst ein Stück am Fjord entlang. Die Straße ist gut ausgebaut, und wir schaffen auch Kilometer, da die Besiedlung immer lockerer wird und schließlich nur noch vereinzelte Samenlager am Wegesrand liegen. Der Tank ist hoffentlich noch ausreichend gefüllt, denn auf den nächsten 87 Kilometern bliebe bei Treibstoffmangel nur eines der Nottelefone, die den Straßenrand "verzieren" und uns daran erinnern, wie einsam es hier sein kann! Die Landschaft ist karg, und je höher wir kommen, um so mehr weichen die Bäume kleinen Sträuchern und auch diese verschwinden bald ganz, bis wir den Eindruck haben, in der arktischen Tundra zu sein. Wir sind in der arktischen Tundra! Die höchste Stelle der Straße ist 385 Meter und die umgebenden Berge 500, höchstens 600 Meter hoch. Hier kann man den Straßenverlauf bis zum Horizont überblicken und es kann einen schon ein "Highwayfeeling" überkommen! Wir fahren hinunter nach *Skaidi,* das früher ein bedeutender Samenmarkt war. Skaidi ist heute eine kleine Streusiedlung, in der die Bewohner von *Hammerfest* ihre Wochenendhütten errichtet haben. Da hier die Flüsse und Bäche reich sind an Lachsen, Forellen und Saiblingen, sehen wir überall Angeltouristen, die für teures Geld eine Lizenz erworben haben, um vielleicht den "Lachs ihres Lebens" zu fangen. In der Finnmark wiegen die in Flüssen gefangenen Lachse durchschnittlich 6,6 Kilo und man kann sich vorstellen, daß hier für passionierte Petrijünger paradiesische Zustände herrschen. Wir dürfen uns aber nicht verleiten lassen, ohne Erlaubnis in Süßgewässern zu angeln: Es finden häufig strenge Kontrollen statt!

Hammerfest - nördlichste Stadt der Welt

Wenn wir etwas Zeit haben, biegen wir in *Skaidi* nach *Hammerfest* ab. Die Fahrt dorthin lohnt sich: "Bist Du in Hammerfest, bist Du in der nördlichsten Stadt der Welt", sagen die Norweger. Uns erscheint der Begriff "Stadt" natürlich maßlos übertrieben: Hammerfest hat gerade mal 6 600 Einwohner! 1944 wurde die Stadt von den deutschen Besatzungstruppen vollständig zerstört, so daß wir praktisch keine alten Gebäude sehen können. Hier lebte und lebt man vom Fischfang und der Fischveredelung. Da die Trawlerflotte

> unterhalten werden muß, sind Schiffbau und -reparatur wichtige Industriezweige. Früher war der Walfang und die arktische Robbenjagd noch ein wichtiger Erwerbszweig der Einwohner. Dieser Bereich gewinnt neuerdings wieder mehr Bedeutung.
> Von hier aus werden auch täglich Bootstouren zu den Vogelinseln oder zum Angeln angeboten - die Angelausrüstung sollte man sich besser an Bord leihen, da die Dorsche dort gewaltige Ausmaße haben, und eine Bikerangel ist meistens zu klein. Außerdem kann man von Hammerfest aus eine "Minikreuzfahrt" zum Nordkap unternehmen und damit einige Kilometer einsparen. Dieser Vorschlag findet aber sicher kaum Begeisterung bei richtigen Tourenfahrern, würde uns allen doch das entgehen, was einerseits seinen besonderen Reiz hat und - zugegebenerweise - auch eigentliches Ziel unseres Weges war und ist: *wirklich mit dem Motorrad zum Nordkap!*

Auf zum Kap! (Russenes - Nordkap)
(Noch 107 Kilometer!)

Und wir sind schon fast da! Zurück in Skaidi, übernimmt uns wieder die E6! Rasant geht es hinauf ins Gebirge, und wir fahren in eine atemberaubende Weite hinein, wo das Auge an keine Grenzen stößt. Das baumlose, karge Land wird allenfalls von einigen Rentierrudeln belebt, die auf Schneefeldern liegen, Flechten und Kräuter äsen oder unser sattes Motorengeräusch mit eiliger Flucht quittieren. Und schon geht es hinab zum Fjord und wir erreichen das Örtchen *Russenes.* Noch 1967 fuhren von hier aus die Fährschiffe nach *Honningsvåg* auf der Insel *Magerøy*! Heute führt die Europastraße 69 dorthin.

Je nachdem, wann wir in Russenes ankommen, können wir hier Quartier machen, ein wenig im Olderfjord angeln und uns dann, unter Zurücklassung des Gepäcks, unbeschwert auf den Weg zum Nordkap machen. Es sind 107 Kilometer dorthin und wir können es so abpassen, daß wir um Mitternacht an unserem Ziel sind. Es muß allerdings einkalkuliert werden, daß uns zur Zeit noch eine 40-minütige Fährfahrt, von Kåfjord aus, einschließlich etwas Wartezeit, erwartet. Es ist also mit bis zu vier Stunden Fahrzeit zu rechnen. Wenn wir uns etwa eine Stunde am Kap aufgehalten haben, können wir um 5 Uhr morgens wieder auf dem Campingplatz sein. Aber wer wird sich schon nach so vielen Kilometern, und dann noch im Urlaub, und zudem noch als Biker, in ein exaktes Timing pressen lassen!

MIT DEM MOTORRAD IN NORWEGEN

Wir fahren lieber genußvoll auf der teilweise recht schmalen E69 am Porsangerfjord nach Norden. Rechts bietet das Wasser mit seinen entfernt zu erkennenden, schroffen Ufern, mit seinem Geruch nach Tang, Salz und Fischen, mal spiegelglatt, mal voll weißer Gischt, ein tolles Panorama. Nach links gibt es kaum mal einen Ausblick, weil sich die Straße eng an den Fels schmiegt. Drei Stunden vor und nach Mitternacht finden hier übrigens - zu recht - regelmäßige Radarkontollen statt!

Nach etwa 20 Kilometern müssen wir noch einen Tunnel über uns ergehen lassen. Der Skarvbergtunnel ist 3040 Meter lang und hat seine Tücken! Er ist naß, schmal und schlecht beleuchtet. Zeitweise kann er nur einspurig befahren werden.

Noch 20 Kilometer weiter, und wir kommen nach *Repvåg*, wo nochmals ein kleiner Campingplatz mit Cafeteria zur Rast einlädt. Wenn das folgende Straßenstück gesperrt ist, weil im Winter oder Frühjahr Lawinen abgegangen oder im Sommer Felsstürze zu befürchten sind, beginnt hier die Fährüberfahrt nach Magerøy. Normalerweise können wir aber bis Kåfjord weiterfahren, von wo aus gegenwärtig zwischen dem 6. Juni und dem 14. August elf mal, ansonsten sechs mal täglich die Fähre verkehrt. Voraussichtlich ab Sommer 1998 ist der Seetunnel fertiggestellt, der mit 6,7 Kilometern Länge die Fahrzeit deutlich verkürzen wird. Es geht aber natürlich auch etwas verloren, wenn diese Verbindung fertiggestellt ist: Das Benzingespräch in der Wartezeit, der gemütliche Aufenthalt im "Salong" oder die herrlichen Ausblicke auf Fjord, Insel und Berge. Es wird auch die gespannte Erwartung verlorengehen, wenn wir uns mit der Fähre langsam der "Nordkapinsel" Magerøy nähern, dieses Gefühl, kurz vor dem Ankommen zu sein!

Honningsvåg wird erreicht. Wir verlassen das große Fährschiff und befinden uns in einer Siedlung, in der fast 3000 Menschen leben, die auch heute noch überwiegend in der Fischerei beschäftigt sind: Fischfang und -veredlung, Fischmehlfabrik, Trankocherei. Da auch Honningsvåg im Krieg vollständig dem Erdboden gleichgemacht wurde, gibt es hier keine alten Gebäude. Der Ort profitiert mit Nobelherbergen, Museum und Souvenirläden erheblich vom Nordkaptourismus, und Sommer für Sommer legen hier bis zu 60 große Kreuzfahrtschiffe an. Die spucken dann ihren Inhalt aus, Buskaravanen nehmen die "Damen und Herren" auf, und transportieren sie, natürlich

(FAST) ALLE WEGE FÜHREN ZUM NORDKAP

Die Nordkapinsel Magerøy mit ihrem spröden Charme

wirklich "getimed", zum Nordkap, zur Mitternachtssonne, zum nördlichsten Punkt Europas. Die Geschäfte in Honningsvåg sind beinahe rund um die Uhr geöffnet, und so können noch die letzten Einkäufe gemacht werden. Nach drei Stunden ist der ganze Spuk vorbei, der Dampfer verschluckt seine Passagiere erneut und zieht von dannen.

"Ich möchte sicher nicht tauschen mit den anderen, setze mich auf meinen Bock und genieße die letzten 34 Kilometer bis zum Ziel", so lautet der Tagebucheintrag des Verfassers. Mittlerweile ist die Straße vollständig asphaltiert, und wenn man nicht gerade in eine Buskaravane gerät, ist gutes Vorankommen möglich. Wenn man die Shellstation erreicht, kann man tief durchatmen: Wir passieren den 71. Breitengrad und sind genau 2110 Kilometer vom geographischen Nordpol entfernt. Vorbei an teils schneebedeckten Felsen und Bergen geht es weiter nach Norden. Das Gebiet ist fast vegetationslos. Kein Baum wächst mehr - es gibt nur winzige Zwergsträucher, Moose und Flechten. Im Sommer weiden hier viele tausend Rentiere rechts und links der Straße oder ruhen auf den Schneefeldern, weil sie dort nicht von den Mücken und Gnitzen belästigt werden. Dann kommen wir höher und haben eine unendlich weite Welt vor uns, ein Blick fast ohne Horizont. Und jetzt sehen wir "es", - das Gebäude, wie die Kuppel eines Planetariums sieht es aus. Wir wissen, daß wir fast am Ziel angekommen sind.

Doch schön, das Nordkap!

Bevor man ganz auf das 307 Meter hohe Plateau hinauffährt, sollte man nach rechts schauen, wo schon andere Biker und auch einige Radfahrer und Tramper rasten. Dort können wir das Motorrad abstellen, möglicherweise das Zelt aufbauen und dann, wenn wir wollen, zu Fuß zum Fels gehen. Nicht nur, daß wir ungefähr 100 Kronen Eintritt sparen, nein, wir vermeiden auch das frustrierende Gefühl, für die Vermarktung dieses Endpunktes auch noch Eintritt bezahlt zu haben, so, als ob man eine Eintrittskarte fürs Kino kauft.

Ich wünsche jedem, der hinfährt, daß er etwas von dem herrlichen Gefühl erlebt, wenn man angekommen ist, hinausschaut in die Mitternachtssonne im Norden, dahinter nur Wasser, Eis und den Nordpol weiß, dann bis an den Rand der Felsen geht und ganz unten die Brandung des Polarmeeres sieht, dazwischen nur noch Möwen, die ihre Kreise ziehen. Dann vergißt man den Rummel um sich herum, die Mühen die hinter uns liegen und vielleicht auch, daß wir noch einen weiten Weg zurück haben. Mit 71 Grad, 10 Minuten und 21 Sekunden nördlicher Breite haben wir wahrscheinlich den nördlichsten Punkt erreicht, den wir je mit dem Motorrad anfahren können!

Wir müsen uns aber auch darüber klar sein, daß der Regelfall am Nordkap aus Sturm, Regen oder gar Nebel besteht. Dann ist von Mitternachtssonne keine Spur und es bleibt nur noch das Gefühl, das Ziel erreicht zu haben.

(FAST) ALLE WEGE FÜHREN ZUM NORDKAP

Wer den Hinweg wagt, muß auch den Rückweg bedenken!

Nun geht es wieder zurück. Bis Russenes ist es derselbe Weg. Hier muß dann wieder eine wichtige Entscheidung fallen: Soll die Rückfahrt wieder über die E6 gehen, um in Ruhe all das anzuschauen, was wir auf der Herfahrt nicht sehen konnten, vielleicht auch Seitenwege oder andere Rundtouren zu versuchen? Wollen wir - auf dem sicher schnellsten Wege - über Lakselv, Karasjok und Kautokeino, dann durch Finnland bis Tornio, weiter auf der E4 an der schwedischen Botnvik-Küste entlang bis in den Süden Schwedens fahren? Es würde dann mit der Fähre von Trelleborg nach Travemünde oder von Helsingborg nach Helsingör in Dänemark gehen.

Man kann auch noch Kopenhagen anschauen und mit der Vogelfluglinie Deutsch-land erreichen. Oder soll es auf der Europastraße 75 über die Hochfläche der Finnmarksvidda, vorbei am Inarisee, durch Finnland bis nach Helsinki oder Turku gehen, wo wir ein Fährschiff erreichen können?

Vielleicht aber ist es besser, erst noch etwas den Norden zu durchstreifen und andere, lohnende Ziele anzufahren oder Wege zu suchen. In jedem Falle werden wir noch Landschaften sehen und Menschen treffen, die uns in ihren Bann ziehen, begeistern und faszinieren werden!

MIT DEM MOTORRAD IN NORWEGEN

Durch die weiten Ebenen des Lapplands

Eine Lapplandreise

Streckenverlauf in Finnland

(total ca. 1350 km): Helsinki - Lahti (96 km) - Mikkeli (126 km) - Kuopio (160 km) - Kajaani (164 km) - Kuusamo (242 km) - Polarkreis (Napapiiri) - Sodankylä (230 km) - Vuotso (92 km) - Ivalo (73 km) - Inari (40 km) - Kaamanen (31 km) - Sevettijärvi (99 km)

Streckenverlauf in Norwegen

(total ca 1160 km): Neiden (32 km) - (Kirkenes - 42km, Grense Jacobselv - 60km) - (Bugøynes - 60 km) - Varangerbotn (80 km) - (Vadsø - 48km, Vardø - 77 km, Hamningberg - 40 km) - Tana bru (17 km) - Ifjord (87 km) - (Mehammn - 84 km, Gamvik - 21km) - Lakselv (123 km) - Karasjok (74 km) - Karigasniemi (18 km) - Kaamanen (66 km).

Land der Verstoßenen?

Lappland ist in jedem Falle eine Reise wert! Wer die große Nordkapfahrt macht, hat schon einen Teil Lapplands bereist und kann nun, wenn nicht die schnelle Rückreise angesagt ist, den ganzen Norden durchstreifen. Zuvor jedoch sollen erst noch einige allgemeine Informationen das Verständnis der Region vertiefen helfen.

Lappland umfaßt den Bereich Nordeuropas, der sich im wesentlichen nördlich des Polarkreises erstreckt. Einen Staat Lappland gibt es nicht: Die weiten Gebiete der europäischen "Nordkalotte" sind zwischen Norwegen, Schweden, Finnland und Rußland aufgeteilt. Der Name stammt aus der finnischen Bezeichnung für die angestammten Bewohner dieser Region. Diese haben es nicht gern, wenn man sie als "Lappen" bezeichnet, was gleichbedeutend ist mit "Verstoßene". Sie selbst nennen sich "Samen". In früheren Zeiten lebten ausschließlich Samen in diesem Land der Moore, Sümpfe, trostlosen Ebenen, unendlichen Hochflächen, weiten Tundren und gewaltigen Gebirgsstöcke.

Den Bereich der Fjorde und Gletscher haben wir ja schon bereist, und auch dieser Teil Lapplands war früher in den Lebenszyklus der Samen fest integriert. Als Halbnomaden folgten sie den Rentierherden auf der

MIT DEM MOTORRAD IN NORWEGEN

Suche nach Weidegrund, auf der Flucht vor den Mücken oder der unerbittlichen Kälte des Polarwinters. Der Fischfang bot eine wichtige Ergänzung der Ernährung, während Jagd eigentlich nur zum Schutz der riesigen Herden betrieben wurde. Die Samen wurden dann nach und nach von den Skandinaviern, Finnen und Russen verdrängt, ihre Weidegründe enteignet, traditionelle Wanderwege durch riesige Stauseen verstellt und die wirtschaftliche Existenz durch Steuerauflagen bedroht. In der Sowjetunion wurden die Samen nach dem 2. Weltkrieg teilweise vertrieben, andere in "Rentierzuchtkombinaten" zusammengefaßt. So wurden sie in ihrem gesamten Lebensraum ihrer eigentlichen wirtschaftlichen und kulturellen Identität beraubt, und es wurde ihnen die Seßhaftigkeit aufgezwungen. Daher finden wir in allen Bereichen des skandinavischen Lappland nur ganz selten echte, unverfälschte samische Kultur und Lebensart. Oft kann sie nur noch in Museen bestaunt werden und wer einen realen Einblick erhalten will, der muß oft wiederkommen und möglichst lange bleiben. Nur dann wird er die faszinierende Landschaft wirklich begreifen und die Gastfreundschaft der Samen erleben können.

Schöne schnelle Anreise

Ich bin mit der Fähre von Travemünde nach Helsinki gefahren und habe mich dann auf der Europastraße 75 nach Norden begeben. Ab Lahti geht es danach auf der Europastraße 63 weiter über Mikkeli, Kuopio, Kajaani bis nach Kuusamo. Ich habe mich beeilt, weil ich schon oft in Finnland war und ich mir für dieses Jahr einen längeren Lapplandaufenthalt vorgenommen hatte.

Die Fahrt durch unendliche Wälder, Hügel und Moorgebiete führt vorbei an zahllosen glitzernden Seen, Flüßchen und Stromschnellen. Da erinnert man sich, daß Finnland es auch einmal wert ist, länger zu bleiben. Wer Schotterpisten oder Kieswege liebt, findet ohnehin hier die besten Bedingungen in ganz Skandinavien. Die Europastraßen sind aber allesamt hervorragend ausgebaut.

EINE LAPPLANDREISE

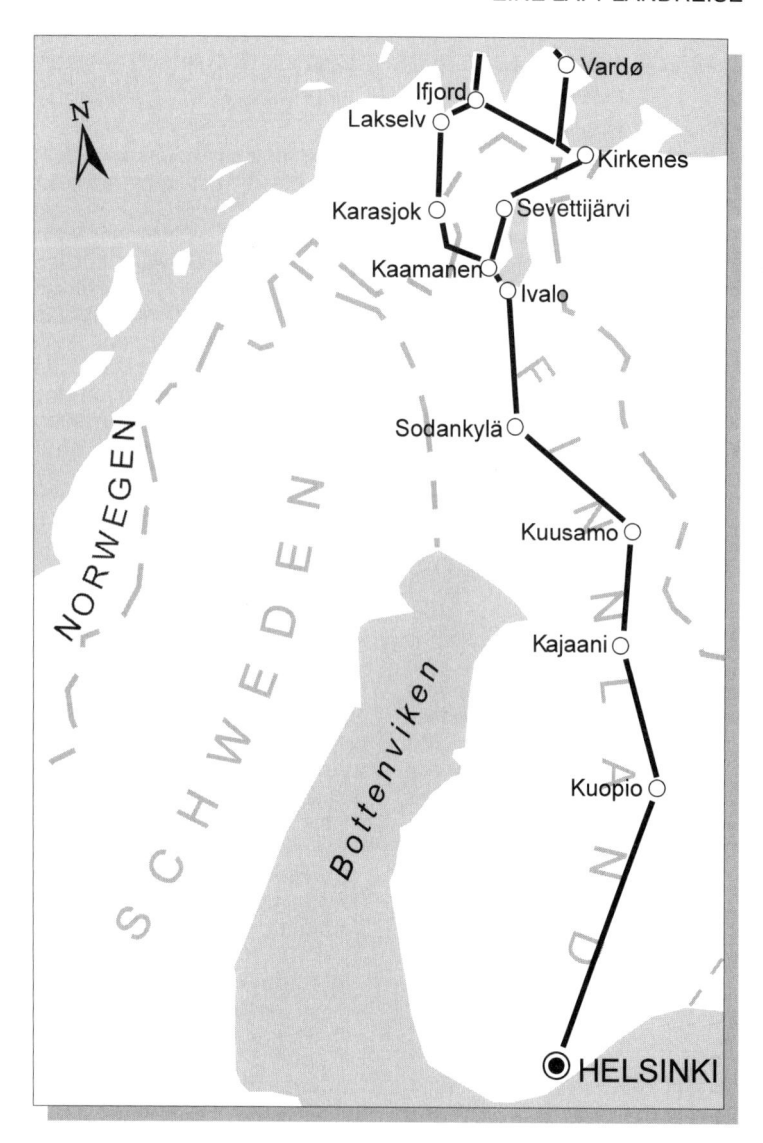

MIT DEM MOTORRAD IN NORWEGEN

Ganz Finnland eine Riesenparty: Johannuspäivää

Heute ist "Johannuspäivää", der Johannistag, an dem in ganz Skandinavien die Mittsommernacht gefeiert wird. So gerate ich am späten Abend des 21. Juni unversehens in ein fröhliches Fest mit riesigen Feuern überall an den Seeufern, Musik und Umtrunk in der "Baari", dem kleinen Restaurant beim Campingplatz. An Schlaf ist kaum zu denken, und so wird eben mitgefeiert. Der Aufbruch am nächsten Tag verspätet sich entsprechend, aber bald ist der gewohnte Rhythmus gefunden, der mich immer dann überkommt, wenn ich Entfernungen schaffen will: fahren, bis der Tank leer ist. Aber es heißt aufpassen! Bald tauchen große Schilder auf mit einer Landkarte Finnisch Lapplands und dem Hinweis "Rentierzuchtgebiet", und ich erinnere mich an so manche überraschende Begegnung mit Rentieren von respektabler Größe und unvorstellbarer Gemütsruhe.

Napapiiri heißt "Polarkreis" (aber nur in Finnland)

Viel wichtiger ist es mir, wieder in Lappland zu sein, und es stört mich kaum, daß es mittlerweile empfindlich kalt und stürmisch geworden ist. Bald verkündet das riesige Schild "Napapiiri", daß ich mal wieder den Polarkreis überquert habe. Nördlich Kemijärvi, im Bereich der Pyhätunturi - das ist eine Berglandschaft, die immerhin bis 540 Meter hoch ist - beginnt es zu regnen. Da sind schnell die wohlige Wärme und die herrlichen Landschaften des Südens vergessen, und ich beiße mich bei "Null-Sicht" weiter durch. In Sodankylä endet die E63 dort, wo sie mit der E75 zusammentrifft und diese würde mich, wenn ich ihr bis zum Ende folgen würde, bis nach Tana bru am norwegischen Tanafjord führen. Dorthin will ich auch, aber auf schönen Umwegen!

Mit Finnen in der Sauna schwitzen

Nach weiteren 100 Kilometern hat das Wasser einen Weg durch die Regenkombi gefunden, und ich gebe in Vuotso entnervt für heute auf. Eine gemütliche Blockhütte auf dem Campingplatz gibt

EINE LAPPLANDREISE

Nicht aus der Ruhe bringen lassen

mir die Möglichkeit, meine Kleidung am prasselnden Kaminfeuer zu trocknen. In der Sauna schwitze ich mit Finnen, die heute von Inari gekommen sind. Sie berichten von Schneefall und schneebedeckten Straßen im Norden, und ich beschließe, einen Tag Pause zu machen. Schnee muß ich mit meiner Straßen-maschine nicht haben! Vuotso liegt an einem kleinen Kanal, welcher zwei riesige Seen miteinander verbindet. Diese Seen wurden in den siebziger Jahren aufgestaut, um für ein Kraftwerk Wasserreserven und ein Gefällestück zu schaffen. Ab und zu ziehen Holzflöße vorbei, Motorboote tuckern zum kleinen Anleger oder ein Wasserflugzeug startet. Da die Seen und das Kanälchen mittlerweile sehr fischreich geworden sind, vertreibe ich mir den Tag mit Angeln und habe schließlich das Abendessen für Nachbarn und mich sichergestellt.

Erst Ende Juli wird asphaltiert!

Der nächste Morgen begrüßt mich mit Sonnenschein und einem blitzblank gefegten Himmel. Das ist die Rückseite des Tiefs, und dementsprechend ist es lausig kalt und windig. Warm anziehen und auf geht es nach Norden. Hier erlebe ich das erste Mal auf dieser Reise eine skandinavische "Spezialität": eine Baustelle von 27 Kilometern Länge. Die Straße ist in voller Breite aufgerissen worden, mit Sand, feinem Kies und Grobkies bestreut und etwas gesalzen worden. Die Strecke wird gegenwärtig nur von Zeit zu Zeit glattgehobelt und mit etwas Wasser besprengt. Mit einer Enduro wäre das eine schöne Trainingsetappe vor einer Wüstenreise. Für mich und mein schwerbeladenes "Naked Bike" ein echter Härtetest! Übrigens habe ich mal in einem Sommer insgesamt 360 Kilometer derartiger Baustellen erleben dürfen. Wenn man nämlich im Frühsommer reist, sind die Straßen gerade frisch aufgerissen und "beschichtet" worden. Die Autos und LKW ersetzen dann über den Sommer die Dampfwalze, und Ende Juli wird asphaltiert. Damit sich der Einsatz der schweren Maschinen lohnt, werden die Baustellen immer über sehr lange Stücke eingerichtet. Da geht nur: durchatmen, Zähne zusammenbeißen, Lenker nicht zu fest und nicht zu locker halten, Gas geben und durch! An der nächsten "Baari" gönne ich mir einen heißen Tee, der mich

EINE LAPPLANDREISE

Endlose Baustellen erfordern Umsicht und Geduld

wieder richtig aufwärmt, und ich genieße einen herrlichen Blick. Die Berge sind noch von vorgestern verschneit, das dunkle Grün der Kiefern und, etwas höher, das zarte Grün jungen Birkenlaubes bilden mit dem Braun der Hochmoorflächen sowie dem strahlenden Blau des wolkenlosen Himmels eine Farbenpracht, die mich schnell die schwierige Piste von vorhin und die durch alle Kleidung schleichende Kälte vergessen läßt. Immerhin liegt die Temperatur bei etwa zwei Grad, und bisweilen tut es gut, die Finger am Motorblock zu wärmen. Vorbei an Saariselkä, dem Kekkonen Nationalpark und dem lohnenden Aussichtsberg Kaunispää geht es dann durch endlose Wälder bis ich Ivalo, das schon direkte Verbindung zum Inarisee hat, erreiche.

Der Inarisee ist übrigens mehr als 80 Kilometer lang und bis zu 41 Kilometer breit. Somit ist er mehr als doppelt so groß wie der Bodensee. Zahllose große und kleine, oft felsige Inseln, tief ins Land greifende Buchten und Schilfzonen prägen den See, und im Sommer, wenn das Wasser spiegelglatt ist, hat man den Eindruck, die Inseln würden schwimmen. Der Inarisee hat seinen Abfluß zum Eismeer über den Patsjoki Richtung Norden. Hier zweigt eine Straßenverbindung nach Petsamo und Murmansk ab, die erst kürzlich für Einheimische geöffnet wurde. Während der Zeit des kalten Krieges unvorstellbar! Ich spinne den Gedanken weiter, ob es wohl eines Tages für deutsche Biker möglich sein wird, auf diesem Wege in den russischen Teil Lapplands zu reisen. Dann werde ich sicher dabeisein!

Ivalo und Inari: wie Kulissen für einen Western

Schon Ivalo macht von seiner Anlage her den Eindruck einer Stadt im Wilden Westen der Pionierzeit. Kommt man nach kurvenreicher Fahrt, die immer wieder am Ufer des Inarisees entlangführt, schließlich nach Inari, so wird der Eindruck noch verstärkt.

Ich nutze den Sonnenschein und die vorläufig letzte gute Gelegenheit, um ein Weilchen im Café zu verbummeln und Ansichtskarten zu schreiben. Ausflugsboote, Lufttaxi, Sportboote, die mit Schleppangeln bestückt sind, Kanus und Ruderboote bevölkern die große Bucht, und in den Geschäften, Läden und kleinen Museen am Rand der breiten Durchgangsstraße herrscht reges, buntes Treiben. Drei Rentierbullen mit weitausladenden Geweihen trotten daher und halten den spärlichen Verkehr auf. Einige Biker sind auch unterwegs. Ich nutze die Gelegenheit und tausche norwegische Kronen ein. Außerdem wird der Tank noch gefüllt.

Danach besuche ich, wie jedes Mal, das immer wieder interessante Museum am nördlichen Ortsausgang. Es zeigt zahlreiche Wohnstätten, Brunnen, Fallen, Geräte und Boote der Samen aus dem nördlichen Finnland und den von Rußland annektierten Gebieten Lapplands und vermittelt einen kleinen Eindruck vom Leben früherer Zeiten hier im hohen Norden.

Ans Eismeer möchte ich

Nach dem Gang durch das Freilichtmuseum geht es weiter auf der E75 Richtung Norden, bis ich in Kaamanen an den

EINE LAPPLANDREISE

Am Inarisee

nordostwärts führenden Abzweig Richtung Sevettijärvi/Kirkenes komme. Das Moped nimmt fast von alleine den richtigen Weg: Nach Kirkenes möchte ich, ans Eismeer, an die verlassenste, einsamste Küste Europas. Vor Jahren noch war die Strecke schlimme Schotterpiste, die jedem Fahrzeug und seinem Lenker höchste Konzentration abverlangte und eine Strapaze bedeutete. Auf dem Weg, der mich am nordwestlichen Ufer des Inarisees entlangführt, denke ich an die früheren Reisen zurück, doch noch bevor ein sentimentales Gefühl aufkommen kann, gerate ich in die nächste, diesmal 31 Kilometer lange Baustelle (siehe oben). Hier hat die Bewässerung der Piste aber nicht funktioniert. So bin ich einschließlich Moped, Koffern und Kleidung bald völlig eingestaubt. Feinster Sand brennt in den Augen, knirscht zwischen den Zähnen und verklebt die Nasenlöcher.

Mitternacht - hell wie am Tage

Genug für heute! Plötzlich erkenne ich den Abzweig wieder, der zu einem idyllischen Plätzchen führt, wo ich in den Jahren zuvor mein Lager aufschlagen konnte. Auch heute baue ich mein Zelt hier auf, weit von der Straße entfernt. Bekannte Vogelstimmen beleben die Einsamkeit und zeigen, daß hier, trotz der neuen Straße, die Welt noch etwas im Gleichgewicht zu sein scheint. In der Ferne sehe ich einen starken Elchbullen im Sumpf grasen und fühle mich plötzlich so, als ob ich an einem Ziel angekommen wäre. Das flackernde Feuer vermittelt Geborgenheit, und wärmt in der aufkommenden Kälte der Nacht. Mitternacht ist vorüber, doch es ist hell wie am Tage. Ich weiß nicht, ob die Temperatur oder der Rauch des Feuers die letzten Mücken vertrieben hat. Der Elchbulle verschwindet allmählich in Nebelschwaden und der Regenbrachvogel singt mir ein Schlaflied. Der nächste Morgen zeigt sich dann wieder in strahlender Schönheit. Das schnell entfachte Feuer vertreibt die Nachtkälte und das Kaffeewasser ist rasch erhitzt. Frühstücken, Sachen packen und Feuer löschen sind immer schnell erledigt; dann geht es zurück zur Piste. Bald ist die Baustelle vorbei, und die gut ausgebaute Straße führt vorbei an unzähligen kleinen Seen, Hügeln mit schroffen Felsen und gewaltigen Steinblöcken, lokkeren Kiefernwäldern und dichtem Birkengestrüpp. An einigen Stellen berührt man das Ufer des Inari, das sich teils sumpfig, teils felsig, dann aber auch wieder als idyllischer Sandstrand präsentiert.

Tanke, Laden, Post und Bar: das "Zentrum"

Einzelne Häuschen tauchen auf, und unvermittelt befinde ich mich in dem Samendorf Sevettijärvi. Im "Ortszentrum" gibt es eine Tankstelle mit Laden, Poststation und Bar. Auf dem Platz ist eine Reihe von einigen Dutzend roten Briefkästen angebracht. Hier kommen die Bewohner der weit verstreuten Häuser zusammen und holen ihre Post ab. Ein neugieriger Blick auf die Namensschilder der Briefkästen zeigt, daß in Sevettijärvi fast alle Familien russische Namen haben. Hier wurden 1947, als

EINE LAPPLANDREISE

Das Zentrum von Sevettijärvi

Finnland die Petsamoregion auf der Kola-Halbinsel an die Sowjetunion abtreten mußte, die Skoltsamen angesiedelt. Man errichtete Häuser für sie und ermöglichte ihnen die Rentierzucht. (Achtung: Seit 1997 gibt es in Sevettijärvi weder Tanke, Laden und Post, noch eine "Baari" - dafür aber bei der Kirche ein lohnendes Museum!)

Kurz nach dem Kiosk ist plötzlich Norwegen

Ich setze meinen Weg durch einsames Waldland fort, und schließlich weichen die Kiefernwälder mehr und mehr einem kargen Gestrüpp. Vorbei an schäumenden Flüßchen sowie kleinen und größeren Seen geht es immer höher hinauf auf eine weite, mit Felsbrocken übersäte Hochfläche, die das Grenzgebiet zu Norwegen prägt. Kurz vor der Grenze beginnt noch eine kurze Schotterstrecke und ein größerer Kiosk lockt mit günstigen Angeboten: Rentierschinken, Elchfleisch, finnische Butter und Lapin

MIT DEM MOTORRAD IN NORWEGEN

Kulta, das gehaltvolle Bier aus Lappland. Wer nicht genügend Vorräte mithat, sollte sich hier noch mit dem Wichtigsten eindecken, denn in Norwegen ist alles sehr viel teurer oder überhaupt nicht zu erhalten. Dann erreicht man auch schon bald die Grenze: Ein Schlagbaum, einige Schilder und Fahnen sind das einzig sichtbare Zeichen, daß ich mich in einem anderen Land befinde. Ach so, auch die Straßenverhältnisse haben sich geändert. Hier ist wieder Asphaltstraße, und es gelten zum Teil andere Verkehrsregeln: Ich bin in "Norge".

Nach einigen Kilometern erreiche ich die norwegische Zollstation. In dem Gebäude sitzt ein Zöllner, der müde, scheinbar lässig, die wenigen Fahrzeuge durchwinkt. Die Landschaft verändert sich zunächst nur wenig. So merke ich es zuerst am Gasgriff, daß es langsam aber stetig bergab geht. Dann tauchen die ersten Bäume auf, das Gefälle wird spürbarer, und in der Luft scheint ein Hauch von Salzgeschmack zu liegen. Dann, fast unvermittelt, taucht in der Ferne die langgezogene Bucht des Kjölfjords auf, der eine schmale Bucht des Varangerfjords ist. Doch bevor ich das Eismeer erreiche, komme ich nach Neiden, einem alten Siedlungsort der Skoltlappen. Hier gibt es einige Sehenswürdigkeiten, die man sich nicht entgehen lassen sollte!

Neiden - klein aber fein

Dort, wo unsere Straße die E6 erreicht, führt eine Brücke über den Skoltfossen, einen tosenden Wasserfall. Hier siedelten schon in grauer Vorzeit die Skoltsamen, um dem Lachsfang nachzugehen.

Wenn man Glück hat (besonders in der Zeit zwischen dem 29. Juni und dem 10. August) kann man das Schauspiel beobachten, wenn in traditioneller Weise Netze über den Wasserfall geworfen werden, in denen dann große Lachse zappeln. Hier werden jährlich etwa 8 500 Kilo Lachs erbeutet! Heute wird nicht gefischt. Also wende ich mich etwas Richtung Alta und biege gleich wieder rechts ab, um endlich einmal die Stabkirche anzuschauen, die vor fast 100 Jahren errichtet wurde. Das außen eher schlichte Gebäude beeindruckt mich durch die farbenprächtige Gestaltung des Innenraumes. Danach geht es weiter Richtung Kirkenes. Ich lasse heute die kleine St. Georgkapelle links liegen, da ich

EINE LAPPLANDREISE

Die St. Georgs-Kapelle bei Neiden

sie schon häufiger besucht habe. Das unscheinbare, abseits liegende Holzgebäude wurde vor fast 500 Jahren errichtet und dient heute noch griechisch-orthodoxen Gottesdiensten. Wenn man die wertvollen, uralten Ikonen im Innern bestaunen möchte, muß man an dem Kiosk nachfragen, der an der Straße Erfrischungen, Süßigkeiten und Ansichtskarten bereithält.

Hier ist Norwegen nur 1,3 Kilometer breit!

Jetzt spute ich mich auf der gut ausgebauten Europastraße, denn ich will noch den Campingplatz von Kirkenes erreichen. Heute gönne ich mir eine Hütte, da es auf dem Zeltplatz gewöhnlich recht laut zugeht.

Wild zu zelten ist nicht gut möglich: auf dem ersten Stück finde ich kein Plätzchen, das weit genug von der Straße entfernt ist, und der ganze Bereich um Kirkenes herum ist militärisches Sperrgebiet - ein Überbleibsel

MIT DEM MOTORRAD IN NORWEGEN

aus der Zeit des "kalten Krieges". Rußland ist hier nämlich nahe, und am fischreichen Straumen des Langfjordstrømmen passiere ich tatsächlich Norwegens schmalste Stelle: Norwegen ist hier nur 1,3 Kilometer breit!

Zur Grenze ist es nicht weit und so mache ich mich, nachdem ich mich im Kiosk des Campingplatzes etwas gestärkt und das Moped entlastet habe, auf den Weg zur *"Grense Jakobselv"*. Das ist eine lohnende Fahrt (60 km, teilweise Ölkies) durch das herrliche Naturparkgebiet des Pasviktales. Die Landschaft wirkt unberührt und die weite Aussicht auf die Barentssee läßt vergessen, daß ich mich einer Grenze nähere, die noch vor wenigen Jahren waffenstarrend und säbelrasselnd bewacht wurde. Heutzutage gibt es für ausgesuchte Personen und Ortsansässige einen kleinen Grenzverkehr nach Petsamo hinüber oder gar nach Murmansk. Wer keinen norwegischen Paß hat, kann nur von Kirkenes aus mit einem Tagesvisum eine Tagesfahrt per Katamaran nach Murmansk unternehmen.

Mich gelüstet es aber nicht nach solchen Unternehmungen. Da würde es mich eher locken, über Björnevatn die 100 Kilometer nach Süden durch das wilde und einsame Pasviktal nach Nyrud zu fahren. Dieser schmale Zipfel Norwegens, eingeschlossen zwischen Finnland und Rußland, ist der Nationalpark *"Övre Pasvikdal"* und bekannt für seine einzigartige Flora und Fauna. Mir ist es für die Schotterpiste heute zu spät, und ich ziehe es vor, zurück nach Kirkenes zu fahren und am Anleger das Festmachen eines Schiffes der Hurtigrute zu beobachten. Täglich kommt eines dieser Postschiffe an, die an der Küste entlang, von Bergen kommend, in Kirkenes ihren Zielhafen erreichen und bereits nach wenigen Stunden Liegezeit den Rückweg antreten. Immer wieder wundert es mich, daß diese recht kleinen Schiffe das ganze Jahr über die oft stürmische Reise bewältigen. Mich zieht es nach einem langen Tag die wenigen Kilometer zum Campingplatz zurück, damit ich mich auf morgen vorbereiten und die müden Glieder ein wenig strecken kann.

Im Einschlafen denke ich noch an den Wegweiser "E6 - Oslo 2502 km, Roma 5102 km." Am 15. August 1983 wurde hier der Endpunkt der E6 feierlich eingeweiht. Endlich hatte die Straße den erforderlichen Standard, das heißt, breit genug und asphaltiert!

"Klein Finnland" in Norwegen

Nun heißt es, für 140 Kilometer, nach Westen zu fahren. Wieder geht es an Neiden vorbei, kleine Hochflächen werden auf der schmalen, aber gut ausgebauten E6 leicht überwunden, und eigentlich sehne ich mich mal wieder nach richtig schönen Kurven. 40 Kilometer hinter Neiden biege ich nach rechts ab, um dann etwa 20 Kilometer, immer am Varangerfjord entlang, nach Bugøynes zu fahren. Der strahlend blaue Himmel eröffnet herrliche Blicke über den Fjord bis nach Vadsø und auf die Schneeberge der wilden Varangerhalbinsel. Der Fjord zeigt zunehmend Schaumköpfe, und ich kämpfe mich gegen den immer stärker werdenden Ostwind voran. Bugøynes ist ein buntes Dörfchen, das noch sehr ursprünglich erhalten ist. Es wurde nämlich nicht, wie die meisten anderen Orte der Finnmark, am Ende des Weltkrieges zerstört. So ist der alte Ortscharakter erhalten geblieben. Bugøynes wurde vor etwa 150 Jahren von finnischen Einwanderern gegründet, die hier Fischfang, Fischverarbeitung und Handel betrieben. Noch heute wird hier Finnisch gesprochen und der Schulunterricht ist zweisprachig. Es reizt mich, im Strandgut des Flutsaumes zu stöbern oder etwas zu angeln, aber ich habe heute noch ein ordentliches Wegstück vor mir. So geht es nach diesem Abstecher, diesmal mit Rückenwind, zurück zur Europastraße und dann immer am Fjord entlang bis nach Varangerbotn. Hier ist ein wichtiger Verkehrsknotenpunkt am Ende des Varangerfjordes. Norweger und Finnen haben die Samen hier verdrängt. An die erinnert nur noch das interessante Museum. Heute versuchen fliegende Händler aus Rußland in Varangerbotn ihr Geschäft zu machen. Sie sind mit Bussen angereist und bieten an kleinen Ständen ihre Ware zum Tausch oder Kauf an.

Ohne Aufenthalt geht es weiter: Ich verlasse die E6 und wende mich auf der Reichsstraße 98 wieder nach Osten. Endlich möchte ich Vadsø und Vardø sehen. Der Wind nimmt immer noch zu, und bald ist der Varangerfjord, an dem die Straße immer mehr oder weniger dicht entlangführt, ein einziges Meer weißer Schaumköpfe. Das Weiß paßt gut zu den Schneehängen auf der linken Seite und zum Weiß der alten Kirche von Nesseby, die, wie ein Bollwerk, auf einer Halbinsel weit in den Fjord hinausgebaut wurde und scheinbar allen Anfechtungen und Gewalten trotzt. Es wird nun unwirtlich kalt, der Wind treibt mir Sand, Grasbüschel und Tangfetzen entgegen und immer geht es weiter am Fjord entlang. Schräge Felsplatten fallen jäh ab ins Wasser, manchmal geben rotweiße Leuchttürmchen oder bunte Fischerhütten einen Farbtupfer ab. Die Vegetation wird nun auch immer spärlicher. Schließlich gibt es nur noch vereinzelte Bäumchen, und die arktische Tundra beginnt hier praktisch in Meereshöhe neben der Straße.

Rostiger Eisenmast mit großer Vergangenheit

Ich erreiche *Vadsø,* die "Verwaltungshauptstadt" von Ostfinnmark. Hier leben immerhin etwa 6000 Menschen, von denen ca. die Hälfte Finnisch spricht. Vadsø war im vorigen Jahrhundert berühmt für den Reichtum des Meeres und den blühenden "Pomorhandel" mit Rußland. Den finnischen Einwanderern wurde 1977 ein sehenswertes Denkmal im Ortszentrum gesetzt. Ich rolle nun gemächlich, den Windschatten nutzend, über die kleine Brücke auf eine vorgelagerte Insel, biege gleich danach links ab und erreiche ein ganz besonderes Denkmal. Eigentlich ist es nur ein ziemlich rostiger Eisenmast, aber er hat eine große Bedeutung für die Forschung gehabt: Es ist der alte Mast, an dem 1926 der norwegische Polarforscher Roald Amundsen sein Luftschiff "Norge" und der Italiener Umberto Nobile die "Italia" vertäut hatten, um hier ihre Forschungsreisen über das Polargebiet zu beginnen. Ich bestaune die recht unscheinbar wirkende Eisenstange und beschließe, zu Hause in meiner Bücherkiste zu wühlen und über diese Luftschiffexpeditionen nachzulesen, die am Ende sehr tragisch ausgingen.

Hinter Vadsø wendet sich die Reichsstraße 98 nach Nordosten, und die Schneeberge treten immer weiter vom Ufer zurück. In Stufen vorgelagerte Streifen von grauschwarzem Kies lassen die ehemaligen Küstenverläufe erkennen, sogenannte Strandterrassen. Das Land hat sich nach der letzten Eiszeit ständig gehoben. Von der Last des Eises befreit, ist es hier im Norden mittlerweile fast 70, in Südnorwegen ungefähr 390 Meter aus den Fluten "aufgestiegen". Die tischebenen Terrassen fallen an Kliffs teilweise mehrere Meter steil ab und sind nur spärlich bewachsen. Rechts der Straße tauchen Sanddünen auf und eine Tafel erläutert, daß ich mich in einem

EINE LAPPLANDREISE

Endlose Pisten: die Varangerhalbinsel

berühmten Vogelschutzgebiet befinde. An einer Brücke sieht es nach Campingplatz aus. Die abenteuerlichen Gestalten in Tarnanzügen und Watstiefeln lassen aber unschwer erkennen, daß es sich um das Camp von Lachsanglern handelt, die hier ihr Glück versuchen.

Mein Weg führt schmal, aber gut ausgebaut, schnurgerade an der Küste entlang und verschwindet fast am Horizont als winziger Punkt. So bin ich dem Sturmwind voll ausgesetzt und muß den Druck durch "Dauerschräglage" ausgleichen. Alle 10 Minuten kommen mir Scheinwerfer entgegen, die sich dann als Lastwagen oder PKW entpuppen und ich bin versucht, jedes Fahrzeug durch Winken zu grüßen. Dann rücken unvermittelt die Berge wieder nahe an den Fjord heran, und nach einigen Kurven gibt es dann tatsächlich eine Steigung - immerhin schnurgerade bis auf 127 Meter! - und dann, genauso gerade, wieder hinunter. Da öffnet sich eine weite Bucht, bunte Häuser sind daran gelegen, ein kleiner Hafen, Schiffe und sogar der "Tower" eines kleinen Flughafens taucht auf: *Vardø*.

88 Meter unter dem Meer

Vardø ist nicht nur der östlichste Punkt meiner Reise, pardon, aller meiner Reisen, sondern auch die östlichste Ortschaft Norwegens. Das Städtchen liegt auf zwei Inseln, und ich tauche plötzlich in einen Tunnel ab, der mit Gefälle, Kurven und Steigung in die eigentliche Ortschaft führt. Als mich das Tageslicht wiederhat, habe ich eine Steigung von 12,5 Prozent überwunden, war 88 Meter unter der Meeresoberfläche, habe die Pionierleistung des "ersten norwegischen Unterwassertunnels" bewundert und auf 2892 Metern reichlich Abgase geschluckt. Aber dafür bin ich jetzt in Vardö und ehe ich mich versehe, bin ich auch schon wieder draußen. Oben auf dem Berg liegt die alte Festung von 1737, die heute noch als Garnison dient. Sie ist ein imponierendes Bauwerk mit dicken Mauern und Kanonen. Leider bin ich schon spät dran, sonst hätte ich an einer der Führungen teilgenommen. Von Vardø aus werden übrigens auch Fahrten zu den Vogelinseln unternommen, man kann verschiedene Walarten und Robben beobachten oder mit einem Fischerboot zum Angeln hinausfahren. Das wird alles von

EINE LAPPLANDREISE

der "Turistinform" organisiert, die im Stadtzentrum auf der "Brücke" zwischen Westinsel und Ostinsel liegt.
Der Tunnel verschlingt mich erneut und spuckt mich nach kurzer Zeit wohlbehalten wieder aus. Ich will nämlich nicht in Vardø bleiben, sondern noch etwa 40 Kilometer weiterfahren, wo dann die Straße in *Hamningberg* endet. Bald hinter dem Tunnel biege ich nach rechts ab. Schnell geht der Asphalt in schotterübersäten Ölkies über, und ich muß höllisch auf die zahlreichen Schlaglöcher aufpassen. Zunächst geht es über eine kleine, öde Bergkuppe und danach hinunter an den Fjord. Hier brechen wilde Felsen schroff ab. Dann tauchen kleine Buchten mit verlassenen Fischerhütten auf. Es riecht in den Helm hinein, nach Tang, Fisch und Salzwasser, und da ich nun gemächlich fahre, um zu genießen, höre ich das Rauschen des Eismeeres und den mannigfachen Schrei der Möwen. Der Wind ist mit einem Schlage abgeebbt, und die Sonnenstrahlen wärmen wohlig die durchgefrorenen Knochen. So beschließe ich, heute genug gefahren zu sein, und eine kleine "Enduroeinlage" bringt mich herunter von der schmalen Piste. Auf weichen Krähenbeerenbüschen und Moos ist schnell das Iglu aufgebaut. Bald summt der Benzinkocher und erwärmt schnell das Abendessen. Außer der Brandung und Vogelgeschrei ist nichts zu hören. In den Ohren brummelt noch eine Weile der Klang meiner Maschine nach, und ich genieße die Einsamkeit. Über Klippen turne ich zur kleinen Sandbucht, wo ich nach Strandgut stöbere. Einen Augenblick lang wünsche ich mir mein Auto hierher, um interessante Raritäten mitnehmen zu können: Netzbojen aus Glas und Kunststoff, Steine, Muscheln, bizarre Holzstücke und sogar einige Walknochen. Eine Muschel, ein kleiner, buntschimmernder Stein und ein Stückchen Holz nehme ich mit. Zufrieden kehre ich zum Zelt zurück, krieche in meinen Schlafsack und da es warm ist und auch keine Mückenplage über mich herfällt, lasse ich das Zelt offen. Eine Weile genieße ich noch die Welt um mich herum und falle dann in einen wohlverdienten Schlaf.

MIT DEM MOTORRAD IN NORWEGEN

"Geisterstadt"

Heute sind es nur noch wenige Kilometer bis Hamningberg. Die kleine Siedlung, von der aus früher bedeutende Trockenfischexporte nach Rußland und Westeuropa stattfanden, hat ihre Blütezeit längst vergessen. Nur im Sommer gehen einige Alteingesessene dem Fischfang nach. Es gibt eine kleine Poststelle mit Laden. Ich habe glücklicherweise noch in Vardø getankt, denn eine Tankstelle gibt es hier nicht. So überkommt mich wirklich etwas das Gefühl, am Ende der Welt zu sein.

Zufrieden, diesen Ausflug unternommen zu haben, begebe ich mich auf den Rückweg. Der Wind hat nachgelassen, weshalb ich einen schönen Sommertag auf dem Motorrad erwarten kann. Der Rückweg bis Varangerbotn ist schnell geschafft, und kurze Zeit später bin ich am Knotenpunkt *Tana bru* angelangt, wo ich den Tank fülle, in einer Cafeteria eine Pause einlege und etwas mit anderen Reisenden plaudere. Sie sind entlang der E6 von Karasjok gekommen und berichten von ihrer Fahrt entlang der Tana, durch hügeliges, buschbewachsenes Land, wo der Fluß mal in reißenden Stromschnellen dahineilt, mal weit ausladend, mächtige Mäander bildet und herrlich weiße Sandbänke eher an südliche Gefilde erinnern. Dort laden die Strände zum Bleiben ein.

Hier in Tana bru ist der Strom breit und von einer mächtigen Brücke überspannt. Einige schmale Boote mühen sich gegen die Strömung ab. Männer mit langen Angeln versuchen, einen Lachs zu erbeuten. Das Blau der Tana strahlt sauber und klar gegen den Himmel an und bildet einen faszinierenden Kontrast zum Weiß der Strände und dem Grün der benachbarten Hügel.

Ich kann leider nicht länger hier bleiben und folge der Reichsstraße 98 in Richtung Norden. Die E6 ist hier scharf nach Süden abgebogen. Es geht immer am Ufer des Flusses entlang, dessen Ufer nun bereits immer weiter auseinanderweichen, um dann schließlich unmerklich in den Tanafjord überzugehen. Hier macht die Straße auch eine recht scharfe Biegung nach Westen. An dieser Stelle wird von Januar bis April eine "Eisstraße" über den Fluß eingerichtet. Dadurch verkürzt sich der Weg nach Alta für die Einwohner von Berlevåg um etwa 60 Kilometer. Ich erinnere mich gern an die Fahrt dorthin! Sie führt über die alte "Eismeerstraße" quer durch die einsame Varangerhalbinsel.

EINE LAPPLANDREISE

Eine Tankpause - Gelegenheit zur Entspannung in einer Cafeteria

Mit Rentieren und Finnen auf dem Ifjordfjell

Mein Ziel liegt weiter westlich, und bald geht es auf der 98 in großen Kehren hinauf auf das Ifjordfjell. Schneewälle begleiten meinen Weg, und die Paßstraße führt auf eine einsame, weite, wilde Hochfläche, auf der die wenigen Seen noch zugefroren sind. Rentiere liegen in der Sonne auf den Schneefeldern, und nur einige wenige Touristen aus Finnland haben sich hierher verirrt. Dann geht es wieder hinab, und ich erreiche Ifjord, wo ich nochmals tanke und in der Cafeteria des Campingplatzes einkehre.

Das wildeste, einsamste Naturschauspiel: Nordkinn

Hier in Ifjord beginnt mein Abstecher nach Norden, auf die Nordkinn-Halbinsel. Die Straße führt nicht nur zum nördlichsten Festlandspunkt Europas, sondern ist mit das wildeste und einsamste Naturschauspiel, das ich auf dieser Fahrt erlebe. Zunächst geht es geruhsam auf gut ausgebauter Straße am Laksefjord entlang, aber kurz hinter Lebesby beginnt die kurvenreiche Fahrt durch bizarre Felsgebilde und schließlich hinauf auf das Fjell. Die Straße ist hier so schmal, daß ich es vorziehe, die Ausweichstellen aufzusuchen, wenn mir ein Fahrzeug entgegenkommt. Diese Rettungsbuchten werden durch ein Schild mit weißem M auf blauem Grund angekündigt. Der Asphalt ist von großkalibrigen Schlaglöchern übersät und voller Steinchen, die dann aufgewirbelt werden und auch das Kurvenvergnügen etwas schmälern. Die Schneemassen entlang der Straße, die Einsamkeit, die gefrorenen Seen, Steigungen und Gefälle sowie die zahlreichen Rentiere verlangen volle Aufmerksamkeit. Die Straße ist im Winter gesperrt. Dann sind die wenigen Orte nur mit dem Schiff zu erreichen. Schließlich komme ich nach Mehamn, von wo aus ein beschwerlicher Fußweg zum "Kinnarodden", Europas nördlichstem Festlandspunkt, führt. Der Weg dauert mehrere Stunden und ist in Ledersachen und Stiefeln wohl etwas schwierig zu bewältigen. Daher fahre ich nach Gamvik, das noch nördlicher als Mehamn liegt. Ich habe mal wieder den Endpunkt einer Reise erreicht. In

Gamvik können die Schiffe der Hurtigrute nicht anlegen, so daß hier Waren und Menschen per Boot verladen werden müssen.

Das nördlichste Hotel der Welt steht in Mehamn

Ich habe heute so viel gesehen und erlebt, daß ich rechtschaffen müde bin. So fahre ich zurück nach Mehamn. Da ich nicht recht weiß, wo ich mein Zelt aufbauen soll und auch nicht noch hinauf auf das Fjell möchte, leiste ich mir eine Nacht im "nördlichsten Hotel der Welt", das sich dieses Attribut allerdings durch sündhaft hohe Preise bezahlen läßt.

Der nächste Tag beschert dann eine böse Überraschung. Nichts ist mehr zu sehen von der Pracht, dem Hafen, den schneebedeckten Bergen! Es ist empfindlich kalt geworden, und dichter Nebel hat alles eingehüllt. Also taste ich mich in der "Suppe" mühsam den Weg nach Ifjord zurück und bin froh, daß ich die Strecke gestern "mit Sicht" schon gefahren bin. Einerseits gibt das etwas Sicherheit, andererseits kann mir das, was ich gestern gesehen habe, niemand mehr nehmen! Glücklicherweise begegnen mir auf den über 100 Kilometern ganze drei Fahrzeuge, und auch die Rentiere sind vom Nebel wie verschluckt.

Schlechte Erfahrung mit Crossmaschinen

In Ifjord ist der ganze Spuk vorbei. Der Himmel zeigt wieder sein strahlendes Blau, so daß die Nässe schnell von der Regenkombi trocknet, und sie getrost wieder verstaut werden kann. Nun geht es zunächst in rasanter Kurvenfahrt am Fjord entlang und schließlich gilt es noch, das *Børselvfjell* zu überwinden, das mit 190 Metern Paßhöhe zwar 180 Meter niedriger ist als das Ifjordfjell, aber landschaftlich nicht weniger eindrucksvoll und verlassen. Die Rentiere sind auch wieder unterwegs, aber sie haben offensichtlich mit den Crossmaschinen der Samen so schlechte Erfahrungen gemacht, daß sie vor dem Sound einer harmlosen Straßenmaschine stets die Flucht, weg von der Straße, ergreifen. Schließlich geht es hinunter zum Fjord. Die Strecke ist vergleichsweise langweilig, weil kaum Kurven zu fahren sind und relativ viel Verkehr herrscht.

MIT DEM MOTORRAD IN NORWEGEN

Finnmarksvidda - Lapplands Kern

Als ich dann *Lakselv* erreiche, stelle ich beim Tanken fest, daß ich heute schon wieder weit über 200 Kilometer gefahren bin. Ich möchte unbedingt noch hinauf auf die Finnmarksvidda, das eigentliche Kerngebiet Lapplands. Also halte ich mich nicht lange auf, gewinne die E6 und fahre nach Süden, hinauf auf die Vidda. Hier hat der Verkehr noch zugenommen, da ja die Nordkapreisenden in beiden Richtungen hinzukommen und mit Wohnmobilen, Campingwagen und Bussen die Straße bevölkern. Da ist es gut, mit dem Motorrad unterwegs zu sein!

Im Winter um minus 40 Grad Celsius!

So geht es nun also stetig bergauf und eigentlich fast kurvenfrei immer geradeaus. Die Vegetation wird spärlicher und schließlich wächst an den Seen, Flüßchen und Berghängen nur noch das karge Gestrüpp der Arktis. Unwillkürlich fröstelt es mich bei dem Gedanken, daß hier im Winter Temperaturen von Minus 40 Grad auftreten und die Sommermonate nur eine kurze, aber heftige Vegetationsperiode bieten. Sie reicht aber Rentierzüchtern immerhin, ihre Herden auf die Sommerweiden und hernach wieder zurückzutreiben, sie reicht den zahlreichen Tieren zur Aufzucht der Jungen, und sie reicht den Pflanzen zu einem bescheidenen Wachstum, welches Zuwachs und möglicherweise Fortpflanzung bedeutet.

Ich halte spontan am nächsten Verkaufsstand der "Touristensamen" an, beginne ein kleines Gespräch mit den Alten und den schulpflichtigen Kindern über das Leben hier oben im Sommer und wie es ihnen im Winter ergeht. Im Sommer verkaufen sie Andenken an die vorbeikommenden Touristen, und im Winter sind sie unten in Karasjok oder Kautokeino, weil es auf der Vidda dann nicht auszuhalten ist. So fahre ich weiter, und die Hunde bellen hinter mir her. Danach frage ich mich lange, wie hoch denn der Preis ist, den die Samen für ihre Freiheit bezahlen! Ich frage mich auch, ob ich bereit wäre, diesen Preis zu bezahlen.

Das Wasser im Kessel fängt an zu singen

Vorläufig gibt es keine Antwort auf diese Frage. Irgendwo biege ich dann ab und fahre vorsichtig ein Stück Schotterpiste hinein, bis ich an ein Bächlein komme. Hier will ich die Nacht verbringen. Schnell ist das Zelt aufgebaut und mit dürrem Holz ein Feuerchen entfacht, bevor mich die Mücken auffressen. Im beißenden Rauch und bei meinem Geruch nach Lederfett, Öl, Tang, Fisch und Harz mögen sie mich ohnehin nicht leiden. Langsam verschwinden die Plagegeister sowieso, da die Nacht kalt wird hier oben, und der Tau auf der Zeltbahn zu frieren beginnt. Das Wasser im Kessel fängt an zu singen. Ich gieße es in meinen samischen Holzbecher, Zucker und den letzten Rum dazu und schon durchzieht die wohlige Wärme des Grogs alle Glieder. In der Ferne rufen Goldregenpfeifer und Regenbrachvogel und irgendwo auch ein Kauz. Ich krieche ins Zelt und schaue noch lange durch den Mückenschleier in den Nachthimmel, der sich leicht rot färbt und so verkündet, daß die Tage schon wieder kürzer werden. Außerdem heißt es bald, Abschied zu nehmen.

Rock in Karasjok

Morgen werde ich mit 350 Metern Höhe den höchsten Punkt dieser Straße über die Finnmarksvidda passieren und dann hinunterkommen nach Karasjok. Dieser Ort, am Karasjokka-Fluß gelegen, der in die Tana mündet, hat zu 85% samische Bevölkerung, die aber großenteils seßhaft geworden ist. Für Touristen zeigt sich das durch Museen, Silberschmieden, Souvenirläden und einen Campingplatz. Die Samen selbst sind zu recht stolz auf den samischen Zweig des Gymnasiums, das Schulfach Rentierhaltung, eine reichhaltige Bibliothek mit samischer Literatur und, nicht zuletzt, den eigenen Sender "Samischer Rundfunk". Hier findet auch, jedes Jahr Ende Juli/Anfang August, das Festival "Rock in Karsjok" statt (Nähere Informationen beim Norwegischen Fremdenverkehrsbüro in Hamburg).

In Karasjok könnte ich mich links halten und auf der norwegischen Seite der Tana entlang bis nach Tana bru fahren. Wie oben schon gesagt, ist das eine lohnende Strecke. Ich könnte auch nach rechts abbiegen und würde nach einer einsamen, wildromantischen Fahrt über 130 Kilometer die andere heimliche Hauptstadt Lapplands, nämlich Kautokeino erreichen. Hier halten sich im Winter um die 90 000 Rentiere auf, weil sie ihre unwirtlichen Sommerweiden verlassen haben. Einige davon habe ich sicher auf meiner Fahrt auf die Nordkinnhalbinsel oder das Ifjordfjell, das Børselvfjell oder die Finnmarksvidda gesehen.

Manchmal gibt es nur Diesel in Karigasniemi

Ich will aber den Karasjokka auf der schmalen Brücke überqueren und mich Richtung *Karigasniemi* wenden. In diesem Grenzörtchen werde ich nach Finnland einreisen und auf der finnischen Seite tanken und Geld wechseln. Das ist dort nämlich wesentlich günstiger. Allerdings ist es mir vor wenigen Jahren dort passiert, daß es nur Diesel zu tanken gab. Da ich nicht mit einer Enfield unterwegs war, mußte ich eben einen Tag warten. Wohl dem, der einen großen Tank und möglichst einen Reservekanister hat! In diesem Jahr reicht meine Tankfüllung allemal bis *Kaamanen,* das ich nach gemächlicher Fahrt durch herrliche Birken- und Kiefernwälder erreichen werde. Kaamanen ist nördlich von Inari gelegen, dort, wo ich vor einigen Tagen von der E75 nach Sevettijärvi abgebogen bin. Hier wird sich dann der Kreis schließen, und die eigentliche Rückreise beginnt. Ich nehme einen ganzen Sack voller Erfahrungen Erlebnisse und Eindrücke mit nach Hause und bin mir sicher, daß es sich mal wieder gelohnt hat, nach Lappland zu reisen.

DIE REICHSSTRAßE 17 (RV 17)

Tourenvorschlag 1

Reichsstraße 17 (RV 17): Kystriksveien

Steinkjer - Namsos - Brønnøysund - Sandnessjøen - Nesna - Glomfjord - Løding(Bodø).
(Streckenlänge: ca 650 Kilometer)

Steinkjer - Namsos

(Streckenlänge: ca 75 Kilometer)

Die Reichsstraße 17 beginnt nördlich von *Trondheim* in *Steinkjer*. Man erreicht Steinkjer von Oslo kommend über die Europastraße 6, oder, von Schweden aus, über Sundsvall und Östersund (E14). Sie führt, immer entlang der Küste, vorbei an Schären, gewaltigen Bergmassiven, Schluchten, Wasserfällen und Gletschern über den Polarkreis hinweg fast bis nach *Bodø*. Von Bodø aus erreicht man die *Lofoten* (Tourenvorschlag 2), oder man kehrt zur *E6* zurück. Wegen ihrer phantastischen Streckenführung an der Atlantikküste entlang wird sie auch *Kystriksveien* (Küstenstraße) genannt. Zahlreiche Fähren und Brücken machen die Fahrt außerdem noch besonders reizvoll, und viele Campingplätze, Hütten und markierte Wanderwege laden zum Verweilen ein.

Wir verlassen also die E6 in Steinkjer Richtung *Namsos* und fahren auf der gut ausgebauten Straße durch ein weites Tal, in dem sich Wiesen, Felder, prächtige Bauernhöfe und Wälder abwechseln und nur wenige Ortschaften die flotte Fahrt unterbrechen. In *Sjøåsen* erreichen wir einen Ausläufer des Namsenfjords, an dessen Ufer entlang wir nun noch etwa 30 Kilometer bis Namsos fahren. Herrliche Ausblicke auf das Meer wechseln sich ab mit kurzen Passagen, in denen es mit schönen, langgestreckten Kurven über einsame Moore hinauf auf das Fjell geht und dann wieder hinunter in waldige Täler.

85

MIT DEM MOTORRAD IN NORWEGEN

> ### Namsos: Holz und viel mehr
>
> In Namsos lohnt es sich, die Fahrt zu unterbrechen. Der Ort hat ein bedeutendes Museum, in dem man mehr über das Land erfahren kann. Es wird deutlich, daß die Stadt und ihre Umgebung überwiegend von der Holzwirtschaft leben. So finden wir hier auch Norwegens größtes Sägewerk, das man besichtigen kann. Holz und Holzprodukte werden von hier nach ganz Europa verschifft. Das Museum hat auch eine Abteilung, in der wir Interessantes über die samische Bevölkerung des Landes erfahren können. Ausflugfahrten in den Fjord, hinaus zu den Schären und Vogelinseln, führen bis nach *Rørvik* und *Leka,* und man sollte ruhig einmal das Motorrad mit dem Schiff vertauschen. Allerdings kann man weiter im Norden diese Inselgruppen auch mit dem Motorrad erreichen (siehe unten). Organisierte Angelfahrten versprechen "Petri-Heil", und da ist es schon besser, die Leihangel auszuprobieren, denn die kleine Angelrute des Bikers würde den dort vorkommenden Großdorschen nicht standhalten! Außerdem gibt es in Namsos ein tolles Freizeitbad ("Oasen"), in dem man sich ohne Langeweile einen ganzen Tag lang tummeln kann.

Namsos - Brønnøysund

(Streckenlänge: ca 195 Kilometer)

Folgen wir nun der Reichsstraße 17, so fahren wir über Overhalla, Skogmo, Høylandet, Nordlandskorsen bis nach *Kjelleidet*. Auf diesem Teilstück geht es hinauf aufs Fjell und durch Wälder und Moore bis über die Baumgrenze. Schließlich führt die Straße wieder runter ans Meer, das sich durch enge Felsbarrieren in schmale Fjorde zwängt. Dort führen Brücken über Straumen, wo man wiederum hervorragend angeln kann. Die Folda-Brücke überspannt zum Beispiel den Foldereidsund auf 336 Metern in einer Höhe von 38 Metern über dem Wasser. Da kann man ruhig etwas verhaltener fahren, um den herrlichen Ausblick zu genießen. Die Straße ist gut ausgebaut und erlaubt eine zügige Gangart. Allerdings ist hier überall auch verstärkt mit der Gefahr durch Wildwechsel zu rechnen.

DIE REICHSSTRAßE 17 (RV 17)

Vegetation: überhaupt nicht nordeuropäisch!

Wer es nicht so eilig hat und lieber beschaulich das Land erleben will, der kann einen anderen Weg nehmen, der neben einer Fährfahrt und großartigen Landschaftseindrücken auch noch genußreiche Kurvenstrecken mit sich bringt. Allerdings ist die Strecke etwa 20 Kilometer länger und erfordert daher (und außerdem wegen der Fährfahrt/Wartezeit) mehr Zeit. Das eventuelle Warten an der Fähre wird kurzweiliger, wenn man die Angel griffbereit hat oder die Zeit nutzt, um mit anderen Wartenden "Benzin zu reden". Oft findet man an den Anlegern auch einen Imbiß (gatekjøkken), wo man sich stärken kann. Auf den Fähren selbst gibt es übrigens auch fast immer Gelegenheit, im "salong" etwas zu kaufen oder sich, bei Kälte und Nässe, etwas aufzuwärmen. Man nimmt also in Namsos die Reichsstraße 769 *Richtung Salsnes und Lund,* von wo man mit der Fähre in etwa einer Stunde nach Hofles weiterfährt. Dort erreicht man nach einem kleinen Verbindungsstück die *RV 770* nach Straumbu, Årnes und *Saltbotnkorset*. Hier kommt man zur Straße 771, die über Djupvik und Gravvik nach *Bogen* führt. Von dort geht es weiter auf der 802 nach *Møllebogen,* wo wieder die Reichsstraße 17 erreicht wird.

Dieser kleine Umweg verspricht unvergleichlich schöne Ausblicke, eine Fahrt durch verschiedenste Landschaftszonen und außerdem Fahrgenuß vom Feinsten: zahlreiche, herrliche Kurven, Steigungen und Gefälle. Und wenn nicht der norwegische "Fortschrittssinn" eine Erschließung auch dieses Landstriches mit sich bringt, können wir hier sogar mit vielen Kilometern Ölkiesstraße rechnen, wie sie vor zehn Jahren noch in ganz Norwegen auf den Nebenstrecken üblich waren.

Der Blick auf die Karte zeigt vor der Küste die Inselgruppe *Vikna* und die Insel *Leka,* beide von der Reichsstraße 770 aus erreichbar. Auf Vikna ist der Hauptort *Rørvik,* ein wirklich sehenswertes Fischereizentrum mit einem lebhaften, malerischen Hafen und vielen anderen Sehenswürdigkeiten. Wie hier, ist auch auf der Insel Leka, die übrigens nur mit einer gemütlichen Fähre zu erreichen ist, natürlich die wilde, unberührte Landschaft die Hauptattraktion. Wenn man im Strandgut stöbert, bedauert man schon, daß man auf dem Bike nicht alles mitnehmen kann. Der Naturfreund kann hier viele, auch seltene, Vogelarten beobachten, und die Vegetation wirkt, wegen der Nähe des Golfstromes, überhaupt nicht "nordeuropäisch". Der Blick über Inseln, Schären und Holme ist unvergeßlich und dann, wenn die Sonne tief am Horizont steht, kommt es, je nach Reisezeit, zu unglaublichen Farbenspielen am Abend- oder Nachthimmel. Der Abstecher in diesen Außenbereich lohnt sich und gibt einen kleinen Vorgeschmack auf die Eindrücke, die weiter im Norden auf uns warten. Die Straßen und Sträßchen sind hier meist unbefestigt. So ist auch hier ursprünglicher Fahrspaß angesagt.

MIT DEM MOTORRAD IN NORWEGEN

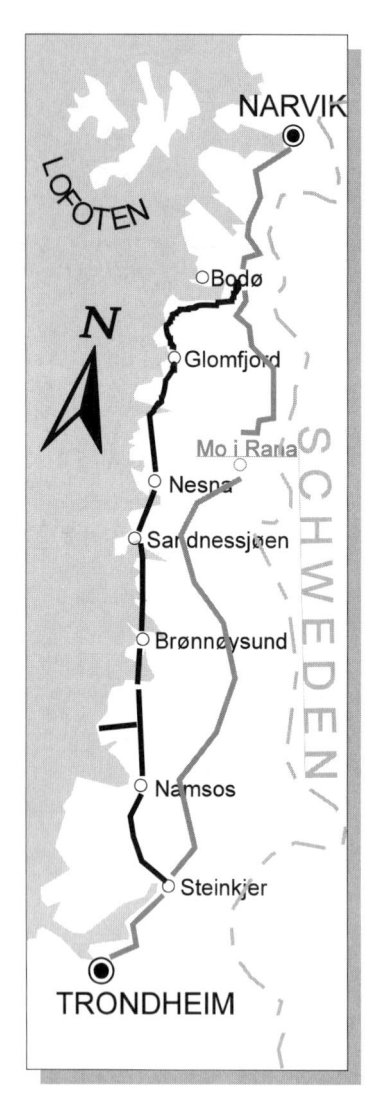

Wir sind wieder auf der Reichsstraße 17. Je nach Streckenführung haben wir seit Steinkjer 180 bis 200 Kilometer zurückgelegt. Der Ausflug nach Vikna hat noch einmal 70 Kilometer auf die "Uhr" geschrieben. Das nächste Teilstück der Küstenstraße ist etwa 190 Kilometer lang und verspricht noch eine Steigerung des bisher Erlebten!

Bereits nach einigen Kilometern erreichen wir in *Holm* eine kleine Fähre, die uns in etwa 20 Minuten auf die andere Seite, nach *Vennesund* bringt. Von der Fähre aus eröffnen sich bezaubernde Blicke auf das Meer mit tausenden Schären, Vogelfelsen und Inseln. Die Fähre verkehrt fünfzehnmal am Tag, sonntags allerdings seltener. Das gilt übrigens für alle anderen Fähren im Bereich der RV17! Also muß man auch hier eine gewisse Wartezeit einplanen. Da ist es möglicherweise gut zu wissen, daß es in Vennesund einen Campingplatz gibt.

Vorläufig werden wir zum Übernachten wahrscheinlich auf einen der kleinen Campingplätze angewiesen sein, da wir nun ein Gebiet durchfahren, in dem fast jedes ebene Fleckchen landwirtschaftlich genutzt wird. Neben dem günstigen Klima ist es der fruchtbare Schwemmboden, der gute Erträge ermöglicht. Wir können aber beruhigt sein: Die

DIE REICHSSTRAßE 17 (RV 17)

Bei Namsos

Campingplätze sind hier durchweg klein, gemütlich, sauber und ruhig! Außerdem können wir ja notfalls mit unserem kleinen Zelt auch auf einer abgeernteten Wiese oder an einem Feldweg unterkommen.

Die Weiterfahrt Richtung Norden bringt wieder unvergeßliche Landschaftseindrücke und schönes Fahren. Da ist der herrliche Ausblick auf das Meer, da sind die kleinen Bauern- und Fischersiedlungen, prächtige Höfe und rechter Hand die steil aufragenden Berge. Sie führen uns größtenteils über die Baumgrenze hinaus, und selbst im Juli zeigen sie oft noch Schneeflecken. Die Straße ist gut ausgebaut, und wegen der langgezogenen Kurven, Steigungen und Gefällstrecken dennoch reizvoll und abwechslungsreich.

Torghatten - Berg mit Loch im Bauch

Bald kommen wir an den Torgfjord, dessen Südmündung vom *Torghatten* bestimmt wird. Der Torghatten ist eine auffallende, gewaltige Berggestalt. Er ist sagenumwoben und wegen einer riesigen Höhle berühmt, die mitten hindurchgeht. Sie ist etwa 160 Meter lang, 30 Meter hoch und 25 Meter breit. Diese Höhle ist eine von vielen Kalkhöhlen in der Umgebung, die durch die Kräfte des Meeres und der Frostsprengung entstanden sind. Nach der Eiszeit hatte das Land ja auch hier wesentlich tiefer gelegen. Steinzeitliche Siedlungsplätze, Felsgravuren und Höhlenmalereien zeugen davon, daß das Land hier bereits sehr früh besiedelt wurde. Die bekannten Hinweisschilder führen uns zu den interessantesten Stellen, aber auch zu den Plätzen mit besonders schöner Aussicht. Diese sind meist dicht an der Straße gelegen und erfordern keine großen Umwege.

Wenn wir dann das Städtchen Brønnøysund erreicht haben, können wir den Sund auf einer 550 Meter langen Brücke überqueren und erreichen nach etwa 8 Kilometern den Torghatten. Ein Fußmarsch von einer halben Stunde führt uns etwa 100 Meter hinauf, und wir haben die Höhle des Berges erreicht. Das lohnt sich besonders bei gutem Wetter, weil dann eine herrliche Aussicht für die kleine Anstrengung entschädigt.

Brønnøysund - Sandnessjøen

(Streckenlänge: ca 67 Kilometer)

Zurück in Brønnøysund, sollten wir einmal kurz zum Kai, um dort am Anleger möglicherweise eines der Hurtigrutenschiffe zu sehen. Wenn diese Postdampfer ankommen, herrscht immer eine besondere Atmosphäre mit reger, aber nie hektischer Geschäftigkeit. Dem Reiz dieser Stimmung kann sich kaum jemand entziehen.

Nördlich von Brønnøysund führte die RV 17 bis vor kurzer Zeit noch über eine Fährverbindung von Horn nach Anndalsvågen. Heute überspannt ein elegantes Brükkenbauwerk den Velfjord, und man spart Zeit ein. Einerseits ist das für die Anwohner sicher ein Fortschritt und auch für den eiligen Reisenden, andererseits war gerade diese Überfahrt sehr beschaulich und ergab auch lohnende Aussicht auf die Berg- und Inselwelt. Bald haben wir aber Gelegenheit, diese Beschaulichkeit zu genießen, denn schon kurz darauf folgt eine Fähre, die uns eine Stunde Fahrzeit beschert. Die Fähre von *Forvik* nach *Tjøtta* verkehrt nur siebenmal am Tag und es

DIE REICHSSTRAßE 17 (RV 17)

empfiehlt sich, schon vorher in einem "Turistinform"- Büro oder bei der Überfahrt Holm - Vennesund einen Fahrplan zu besorgen. Es zeigt sich übrigens hier wieder, daß ein Motorrad auf einer Fähre immer noch dazwischenpaßt. Es ist zwar nicht höflich aber doch vorteilhaft, sich möglichst vornean einzureihen. Damit schadet man niemandem, sondern sorgt eher für eine gute Ausnutzung des "Stauraumes".

Während der Fährfahrt tauchen bei guter Sicht vor uns bald die "Sieben Schwestern" (*"de syv søstre"*) auf, eine Reihe von sieben markanten Berggestalten, deren Panorama uns nun eine geraume Zeit aus verschiedenen Perspektiven begleiten wird. In regenreichen Jahren kann es aber durchaus passieren, daß man von all den schönen Bergen und auch von den Inseln nichts oder nicht viel sieht.

Wir fahren von Tjøtta aus, abgesehen von einem kleinen Schlenker, immer von Südwest nach Nordost auf der westlichen Seite an den "Sieben Schwestern" vorbei Richtung *Sandnessjøen* über die Insel *Alsten*. Das reiche Ackerland und die üppige Vegetation gehen höher oben jäh in fast undurchdringliches Strauchwerk und steile Geröllhalden über, die sich dann bis zu den Gipfeln hinaufziehen.

Sieben schöne Schwestern

Die Sieben Schwestern sind das Wahrzeichen dieses Küstenstriches, der *Helgeland* genannt wird. In der Überlieferung sind sie Stein gewordene Sagengestalten. Sie können alle bestiegen werden. Man erkundigt sich am besten im "Turistinform" von Sandnessjøen nach dem Ausgangspunkt der einzelnen Besteigungen, und es empfiehlt sich, dort auch eine Karte zu besorgen. Festes Schuhwerk, gute Kondition und etwas Orientierungssinn sind aber nötig, denn die Markierung der schmalen Fußwege ist äußerst dürftig. Wenn man sich jedoch die Mühe gemacht hat, und beispielsweise den "Botnkrona" erstiegen hat, dann wird man durch einen unvergleichlich schönen Rundblick aus 1072 Metern Höhe belohnt. Die ganze Inselwelt Helgelands liegt uns zu Füßen, Fischkutter, Lastkähne, Segelboote und möglicherweise ein Schiff der Hurtigrute ziehen ihres Weges und im Nordosten ahnen wir das Gletschergebiet des Svartisen. Sandnessjøen liegt unter uns wie ein Spielzeugmodell, und wir sehen aus der Vogelperspektive schon einen Teil des Weges, den wir später nehmen werden. Zunächst aber muß der Abstieg bewältigt werden. Mancher Wanderer ist nämlich schon mit "runden Füßen" unten angekommen, da der Weg hinauf und hinab doch einige Stunden erfordert. So ist es gut, wenn man auf einem der

MIT DEM MOTORRAD IN NORWEGEN

> Campingplätze Qartier genommmen hat, denn es gibt auf dieser Insel noch viel anzuschauen.
> Da ist zum Beispiel *Alstahaug* mit einer hübschen Kirche, die teilweise aus dem 11. Jahrhundert stammt. Der Kirchhof wird von Bäumen eingefaßt, die sich bei näherem Hinsehen als Eichen herausstellen. Es handelt sich um das nördlichste Vorkommen dieser Baumart. Ohne den Golfstrom wäre das nicht möglich: Das ganze Land würde unter mächtigen Gletschern begraben sein, und Menschen könnten hier nicht leben!

Sandnessjøen ist eine Kleinstadt, die von kleinem Gewerbe, Fischveredlung und Handel lebt. Die Lachse aus den Fischzuchtbetrieben der ganzen Umgebung werden hier verarbeitet und verpackt, und das Gemüse aus den zahlreichen Gewächshäusern wird sortiert und auf den Weg geschickt. Ein Teil der Waren wird mit dem Postschiff versandt, denn Sandnessjøen ist auch Anlegestelle der Hurtigrute. Außerdem gibt es viele kleinere Fährverbindungen zu den vorgelagerten Inseln. Von hier wenden wir uns weiter nach Norden. Die Fähre wurde mittlerweile durch eine schöne Brücke (1100 Meter lang) und einen Tunnel ersetzt. Allerdings muß hier eine Benutzungsgebühr entrichtet werden. Die nächste Fähre erwartet uns bereits nach kurzer Fahrt in *Levang*, von wo aus wir in 25 Minuten nach *Nesna* übersetzen. Dieses Schiff verkehrt elfmal am Tage.

> ### Schon genug? Dann schnell zur E6!
>
> Wer aus irgendwelchen Gründen hier die Küstenstraße verlassen will, kann dieses bereits in Levang tun und eine schöne und interessante Route nach Osten nehmen. Kurvig und teilweise mit Ölkiesbelag geht es auf der Reichsstraße 808 durch einsame, verlassene Landstriche nach Leirvika und von dort mit der Fähre nach Hemnesberget. Die Strecke führt dann weiter nach *Mo i Rana*, jener Industriestadt, die an der E6 liegt und über die wir schon etwas im Kapitel "Alle Wege führen zum Nordkap" erfahren haben.

An der RV 17

Nesna - Glomfjord

(Streckenlänge: ca 141 Kilometer)

Die Fährfahrt nach Nesna ist eine willkommene Unterbrechung. Während der Weiterfahrt erwartet uns wieder ein Aufstieg bis auf 350 Meter zum Sjonfjellet. Da die Straße gut ausgebaut ist, bringt diese Steigung aber keine Probleme, und wir können wieder einmal die faszinierende Veränderung der Landschaft von der üppigen Vegetation unten am Fjord bis zur fast baum- und strauchlosen Hochebene auf dem Fjell erleben. Bei unserer Begeisterung über immer neue Landschaftsbilder und elegante Streckenführung dürfen wir aber nie vergessen, daß wir mit unserer Maschine immer schwächer sind als ein Elch. Und Elche gibt es auch hier mehr als reichlich! Bald geht es hinunter nach *Utskarpen.* Hier können wir schon ein wenig für die später folgenden Tunnel trainieren. Wenn nicht gerade eine Baustelle eingerichtet wurde oder ein Fahrzeug liegengeblieben ist, sind die beiden Tunnel von je 2,8 Kilometer Länge, trotz der spärlichen Beleuchtung, vergleichsweise harmlos.

Die Schöne aus Helsinki

In Utskarpen treffen wir auf die *Europastraße 12,* die hier endet. Sie beginnt in Finnlands malerischer Metropole *Helsinki* und führt von dort über *Tampere* durch den schönen Südwestzipfel des Landes bis *Vaasa,* wo man den Bottnischen Meerbusen erreicht. Dort kann man mit der Fähre nach *Umeå* in Schweden übersetzen. Die E12 verläuft dann weiter nach Nordwesten durch die weiten Waldländer Schwedens über *Lycksele* und *Storuman* und hinauf ins Gebirge nach *Tärnaby.* Das ist ein bekannter Wintersportort, der bis Ende April absolut schneesicher ist. Die E12 schwingt sich dann mitten durch das norwegisch-schwedische Grenzgebirge über *Umbukta* bis hinab nach *Mo i Rana.* Das ist eine durchaus ernstzunehmende Strecke, da uns hier selbst im Hochsommer ein Wettersturz winterliche Verhältnisse bescheren kann. Wir könnten ja auf der Rückreise möglicherweise die E 12 nutzen, wenn wir über die E 6 nach Mo zurückgekehrt sind. Denn auch die E 12 ist eine Reise wert!

Erstmal rollen wir aber auf unserer "Route 17" weiter. Es geht nun zunächst wieder eine ganze Zeit an der Küste entlang, und fortwährend eröffnet sich der Blick auf das Meer, auf die unzähligen Schären und hutförmigen Inseln sowie die Schneeberge im Norden. Der nächste "größere" Ort ist dann *Stockvågen.* Von hier aus geht zweimal täglich eine Schnellschiffsverbindung (Hurtigbåt) hinaus in die Inselwelt (Sleneset, Lovund und Træna).

Kleine Kreuzfahrt zu den Seevögeln

Diese "Kreuzfahrt in Kleinformat" führt nicht nur hinaus zu den Inseln, die man sonst nur immer in der Ferne sieht, sondern es gibt auch Eindrucksvolles zu sehen und zu erleben: Auf den Vogelfelsen, die sich schroff aus dem Meer aufrecken, brüten Hunderttausende von Seevögeln. Das Meer hat in diesem Bereich früher gewaltige Höhlen aus den Uferfelsen gewaschen. Diese liegen nun wegen der Landhebung deutlich über dem Meeresspiegel und waren allesamt schon vor etwa 6000 Jahren, als das Binnenland noch sehr stark vereist war, bewohnt.

DIE REICHSSTRAßE 17 (RV 17)

> Doch die Unberührtheit und Ruhe dieser Region sind auch bald dahin: Die oben angesprochene Europastraße 12 wird zukünftig ihren Endpunkt auf der Insel Træna haben. Dazu bedarf es wieder gewaltiger Anstrengungen und Kosten, da ja Tunnelbauwerke, Brücken und Straßen neu errichtet werden müssen. Die Landschaft und das Leben der Menschen werden sich verändern!

Wir kommen nun nach *Lia*, und schon lange vorher sehen wir, zunächst vor uns, dann fast über uns, das gewaltige Massiv des 970 Meter hohen Liatind. Er fällt besonders dadurch auf, daß sich auf dem Gipfel eine riesige Antenne für die Satellitennavigation befindet (Von diesen Antennen gibt es auf der ganzen Welt nur acht Stück und mancher Biker auf Weltreise oder Saharatour hat schon davon profitiert!).

Polarkreis

> Die nächste Siedlung ist dann Eldhaugen. Wenn wir unsere Strecke in *Eldhaugen* für einen kurzen Abstecher nach links verlassen und etwa 14 Kilometer Richtung *Tonnes* fahren, können wir nicht nur eine Höhle besichtigen, sondern wir sehen bald in nördlicher Richtung einen Globus, der hier als mächtiges Stahlgerippe den *nördlichen Polarkreis* markiert. Die Straße ist unbefestigt, so daß wir jedenfalls auch unser Fahrvergnügen haben.

Bald folgt in Kilboghamn die Fähre nach Jektvik. Mitten im *Melfjord,* den wir hier durchfahren, überqueren wir den Polarkreis. Die Überfahrt ist lang genug (1 Stunde), um eventuell mitfahrende Freunde zünftig zu "taufen". Das Schiff bringt uns zu einem Straßenabschnitt, der erst 1993 eingeweiht wurde. Im Osten zeigt sich nun bald das gewaltige Massiv des *Svartisengletschers* (Svartisenbreen). Seine Gipfel erheben sich immerhin auf fast 1600 Meter. Trotz der Veränderung des Klimas "wächst" der Svartisen seit 1973 um jährlich etwa 60 bis 80 Meter, und seine Gletscherzungen erreichen jetzt schon fast wieder das Meeresniveau.

MIT DEM MOTORRAD IN NORWEGEN

> **... direkt bis ans Eis!**
>
> Bei gutem Wetter ist es ein einmaliges Erlebnis, von *Braset* aus mit einem Ausflugsschiff über den Holandfjord zu fahren und dann in kurzem Fußmarsch direkt bis ans Eis zu gelangen. Am Anleger kann man sich über die Abfahrtzeiten informieren. Jedenfalls findet ein regelmäßiger Pendelverkehr statt. Wenn wir auf diesen Ausflug verzichten wollen, bieten sich aber immerhin tolle Fotomotive, und mit etwas Glück liegt ein großes Kreuzfahrtschiff im Holandfjord. Der Anblick des Gletschers (seine Zunge heißt an dieser Stelle Engabreen) ist hier eine beliebte Touristenattraktion für Kreuzfahrtschiffe aus vielen Ländern.

Bald erreichen wir Kilvik. Hier endet ein Druckschacht, der das Schmelzwasser des Svartisen in riesige Turbinen preßt. Der daraus gewonnene Strom versorgt nicht nur die Industrieanlagen von Glomfjord, sondern zeitweise auch Mo, Bodø, die Lofoten und sogar Narvik mit sauberer Energie. Wie in einer "Dachrinne" wird das Schmelzwasser in einem ausgeklügelten System entlang des gesamten Gletscherrandes aufgefangen, und in sage und schreibe 45 Tunneln unter dem Eis des Svartisen gesammelt! In einem riesigen See (Storglomvatnet) wird es dann gespeichert, um schließlich 500 Meter tief nach Kilvik hinabzustürzen.

Kurz hinter Kilvik verschwindet unsere Straße plötzlich wieder in einem dunklen Loch. Es empfiehlt sich hier wirklich, vorher noch schnell das Visier etwas zu öffnen und möglicherweise die Sonnenbrille abzunehmen: Wir fahren nämlich ziemlich unvermittelt in einen Tunnel von 7,5 Kilometern Länge. Die Straße ist zwar gut ausgebaut und (vorläufig) auch trocken, aber die Beleuchtung ist gewöhnungsbedürftig! Als besondere "Gratiszugabe" bietet die "Röhre" Steigung, Gefälle und auch heftige Kurven. Da ist man froh, wenn ganz am Ende zunächst als winziger Punkt, dann aber immer größer werdend, das Tageslicht auftaucht, so, wie wenn die Sonne aufgehen würde. Draußen freuen wir uns dann darüber, daß Dunkelheit und Kälte vorüber sind. Mit Fahrrädern brauchen wir hier übrigens nicht zu rechnen. Sie haben Fahrverbot!

Wir kommen nach *Glomfjord,* das nur etwas über 1000 Einwohner hat und doch mit seiner Industrie genügend Düngemittel für ganz Norwegen herstellt. Das sind immerhin 570 000 t Volldünger, 260 000 Tonnen Kalksalpeter und 120 000 Tonnen Ammoniak. Als Nebenprodukt gibt es das

DIE REICHSSTRAßE 17 (RV 17)

Hyttecamping - eine alternative Übernachtungsmöglichkeit

"Schwere Wasser", das schon im zweiten Weltkrieg einen Wettlauf zwi-schen Deutschland und England ausgelöst hatte. Schon damals war die große Stromproduktion Grundlage der Industrialisierung.
Dementsprechend laufen natürlich Frachtschiffe verschiedener Größe und Nationalität Glomfjord an. Hafenromantik findet aber nicht statt. Wer nicht gerade technisch interessiert ist oder gar Industrieanlagen attraktiv findet, wird schnell sehen, weiterzukommen.

MIT DEM MOTORRAD IN NORWEGEN

> ### Ganz weit unten das Meer..
>
> Allerdings kann man von Glomfjord aus mit verschiedenen Seilbahnen auf immerhin 520 Meter Höhe gelangen, wo sich herrlich die Gletscherwelt und, ganz weit unten, das Meer vor uns ausbreiten. Von hier oben kann man außerdem geführte Touren über den Gletscher unternehmen. Die Ausrüstung wird gestellt (Informationen im Turistinform). In der Nähe des Ortes selbst kann man an der Nordseite des Fykonsees mehr als 20 wundervoll erhaltene Felsgravuren bestaunen. Die etwa 5000 Jahre alten "Helleristninger" zeigen Elche, Rentiere und vieles mehr.

Glomfjord - Løding

(Streckenlänge: ca 144 Kilometer)

Wenn wir weiterfahren, erreichen wir bald das kleine Örtchen Neverdal. Es wurde deshalb berühmt, weil dort in den Jahren 1978/79 12 000 bis 13 000 (!) Erdbeben von teilweise großer Heftigkeit Aufsehen erregten. Bis heute kennt man die Ursache nicht, aber es liegt nahe, daß die Beben durch einstürzende natürliche Kalksteingrotten oder Sprengungen ausgelöst wurden. Bald lassen wir das Svartisengebiet hinter uns. Das Küstenland nimmt uns wieder gefangen, und wir können neben der faszinierenden Landschaft auch die vielfältigen Gerüche und Geräusche genießen. Das alles haben wir den Autotouristen voraus!

> ### Kleiner, lohnender Umweg
>
> In *Skaugvoll* sollten wir vielleicht von der 17 abbiegen, um eine lohnende Nebenstrecke auf der RV 838 über Inndyr und Sund zu erkunden. Von Sund aus bringt uns eine kleine Fähre nach *Sandhornøya* und später, über eine Brücke, in Kjøpstad zurück auf unsere Route 17. Ein kleiner, hübscher Umweg, der uns nicht einmal viele Kilometer kostet.

Wir nähern uns ohnehin bald dem Ende unserer Küstenstraße. Es gilt, noch einige Fjordarme und Straumen in schwindelnder Höhe auf langen Brücken zu überqueren, bis wir schließlich an den bekannten *Saltstraumen* kommen, der etwa 150 Meter breit und 31 Meter tief ist. Er ist berühmt wegen seines

DIE REICHSSTRAßE 17 (RV 17)

Fischreichtums und der unvorstellbar starken Strömung in den Tideabläufen. Man hat errechnet, daß viermal täglich 372 Millionen Kubikmeter Wasser mit einer Geschwindigkeit von bis zu 30 Stundenkilometern durch diese Meerenge in die Bucht hinein- oder in das Meer hinausströmen. Viele Angler versuchen dort ihr Glück auf Dorsch und Köhler, aber auch Fänge von großen Heilbutt oder "kleinen" Haien wurden schon angelandet. Wir können ja (leider) keinen "Großfang" gebrauchen. Deshalb fischen wir lieber an einem der viel ruhigeren, aber nicht minder erfolgversprechenden Straumen, die wir vor- und nachher überqueren. Dort ist nämlich kaum Konkurrenz!

Schließlich erreichen wir *Løding,* wo unsere Straße endet, und wir die RV 80 erreichen. Wenden wir uns nach Osten, kommen wir in *Fauske* zur Europastraße 6.

Fahren wir nach Westen, erreichen wir nach kurzer Zeit *Bodø*. Von hier aus besteht die Möglichkeit, die *Lofoten* und die *Vesterålen* zu besuchen oder unser Motorrad auf ein Schiff der *Hurtigrute* zu verladen (vgl. die nächsten Kapitel). Das könnte uns dann in wenigen Tagen zu einem der Anlaufhäfen im Süden (Endhafen *Bergen*) oder im Norden (Endhafen *Kirkenes*) bringen.

Wir haben auf etwa 630 Kilometern erlebnisreicher Fahrt "Norwegen im Kleinformat" mit überwältigenden Eindrücken erleben dürfen. Viele Nebenwege und Ausflugsmöglichkeiten haben wir nicht wahrnehmen können. Um so größer ist dann die Verlockung, wiederzukommen. Es lohnt sich in jedem Falle, weil dieselbe Strecke, gerade hier im Norden, bei jeder Reise anders aussieht und jedesmal ganz neue Erlebnisse auf uns warten!

MIT DEM MOTORRAD IN NORWEGEN

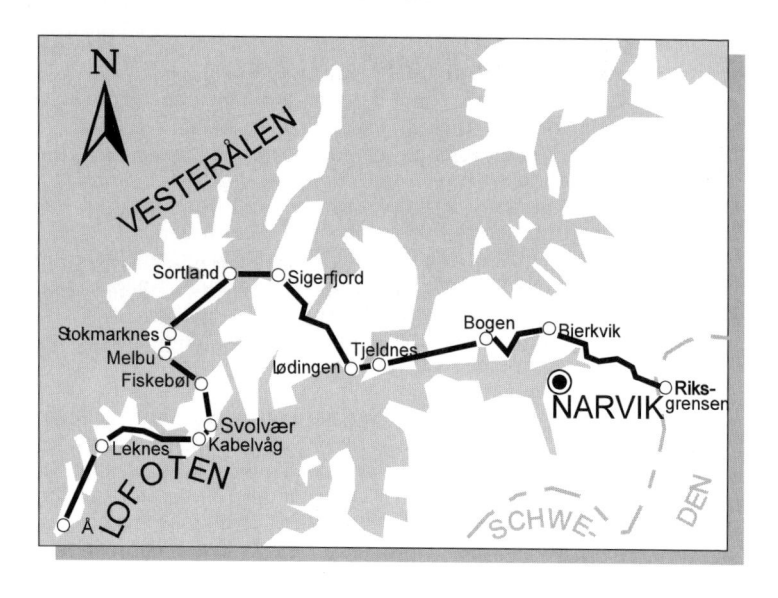

LOFOTEN UND VESTERÅLEN

Tourenvorschlag 2

Lofoten und Vesterålen: Inselreich im Norden

Streckenverlauf: (Kiruna) - Riksgrensen - Bjerkvik - Lenvikmark - Bogen bru - Nautå - Tjeldsund bru - Kåringen/Lødingen - Sigerfjord - Sortland - Stokmarknes - Melbu/Fiskebøl - Svolvær - Kabelvåg - Leknes - Lilleeidet/Napp - Ramberg - Hamnøy - Reine - Å - (Streckenlänge ca. 560 Kilometer).

Die Überschrift für diesen Tourenvorschlag könnte auch lauten: "Vesterålen und Lofoten". Beide Inselgruppen, nördlich des Polarkreises im "Norskehavet" - der Norwegensee - gelegen, sind sich ungemein ähnlich und stehen sich in ihrer wilden Schönheit in nichts nach. Die Lofoten sind allerdings in Deutschland durch viele Geschichten und Legenden, aber auch durch die dramatischen Ereignisse im zweiten Weltkrieg sehr bekannt. Fanden hier doch zu Beginn der deutschen Invasion besonders heftige Kämpfe statt, da sowohl England als auch Deutschland die besondere strategische Situation der Lofoten und den eisfreien Erzhafen *Narvik* für sich nutzen wollten. Überall finden wir noch Spuren des Krieges in Form von Gedenkstätten, alten Stellungen, Soldatenfriedhöfen oder Museen (vgl. auch Kapitel "Alle Wege führen zum Nordkap").

Europastraßen - Fernwehwege

Der Streckenverlauf folgt weitgehend der Europastraße 10. Dort, wo sich Seitenwege anbieten, verlassen wir kurzfristig die "Hauptstrecke". Die E10 kommt von *Tore*, einem wichtigen Knotenpunkt an der nördlichsten Ausbuchtung des *Bottnischen Meerbusens* (schwed. "Bottenvika", finn. "Perämeri") gelegen. Hier treffen sich auf dem engen Raum rund um die schwedisch-finnische Grenze allein vier Europastraßen bzw. sie gehen auseinander hervor: die E4 kommt ganz von *Helsingborg* und führt nach einem Streifzug durch Südschweden nach *Stockholm*. Von da aus verläuft sie fast immer dicht an der Bottenvik-Küste über *Umeå* und *Luleå* bis nach *Tornio* in Finnland. Dort beendet die E4 ihr "Dasein" und geht einerseits über in die E8 (Tornio - Tromsø, vgl. auch Kapitel "Alle Wege führen...") bzw. in die E75, die, von Norden aus *Lakselv* kommend, ganz Finnland nach Süden bis *Helsinki* durchquert. Hier "verliert sich" die E75, um dann in *Gdansk* (Danzig) wieder aufzutauchen. Danach nimmt sie den langen, beschwerlichen und auch abenteuerlichen Weg bis weit hinab nach Südosteuropa, um dann in *Athen* ihren südlichen Endpunkt zu erreichen. Eine Europastraße, die ihren Namen wirklich verdient!

Verwüstetete Flüsse

Aber zurück zu "unserer" Europastraße 10, die uns von Tore weit hinein ins schwedische Lappland leitet. Sie führt durch unendlich erscheinende Wälder, vorbei an kleinen Einzelgehöften, durch Moore und Sümpfe, immer von Flüssen oder ihren "Betten" begleitet. Zur Stromerzeugung für die großen Industriezentren am Bottnischen Meerbusen und die Industriegebiete um Gällivare, Malmberget und Kiruna wurden fast alle Flüsse in Schwedisch Lappland aufgestaut und durch weitverzweigte Pipeline- und Turbinensyteme bis zum nächsten Stausee geführt. Einige dieser Kraftwerke kann man besichtigen. Die Samen, die hier teilweise ihre Weidegründe oder alte "Triftwege" für ihre Rentierherden verloren haben, wurden nie entschädigt, geschweige denn vorher gefragt.

Sie selbst sehen sich daher oft genug ähnlich entrechtet, wie die Indianer Nordamerikas. Die ehemaligen Flußläufe wirken wie wüstenhafte Fremdkörper mitten in einem grünen Land. Einige tiefergelegene Stellen blicken uns kreisrund wie grünblaue Augen an. In ihnen hat sich Wasser angesammelt. Wir dürfen uns aber nicht verleiten lassen, allzu sorglos diese bizarren "Kanäle" zu erforschen: Bisweilen werden weiter oben Überlauftore geöffnet, und eine wilde Flut jagt das Tal hinab. Wer sich dann im "Trockental" befindet, ob Mensch ob Tier, muß umkommen! Auch die Stauseen hier in Lappland haben oft spontan schwankende Wasserspiegel, und mancher Tourist, der sein Lager zu nahe am Ufer aufschlug, mußte mitten in der Nacht die Flucht ergreifen!

Verwüstete Moore

Eine weitere, zunächst unerklärliche Erscheinung begegnet uns vor allem in der Nähe von Gällivare und Kiruna: riesige Flächen dunklen Torfbodens ohne jegliche Vegetation. Schließlich erkennen wir, daß hier in großem Umfang die Moorflächen, teilweise über 100 und mehr Hektar, entwässert und danach abgetorft werden. Der Torf wird dann auf riesigen Halden getrocknet, um später in Wärmekraftwerken zur Fernwärmeerzeugung für die Städte verbrannt zu werden.

Mit 25 000 Einwohnern größte Stadt der Erde!

Seit wir Tore verließen, haben wir mehr und mehr das Gefühl des "Bergauffahrens". Es ist keine rasante Paßfahrt, die uns erwartet, aber unser Eindruck hat uns nicht getäuscht: Langsam, aber stetig geht es bergauf, und wir nähern uns unübersehbar dem Gebirge. Vorher erreichen wir die Erzstadt *Kiruna,* die nördlichste Stadt Schwedens. Kiruna hat etwa 25 000 Einwohner, gilt aber mit 14 000 qkm Fläche als die größte Stadt der Erde.

Kiruna - Riksgrense

(Streckenlänge ca. 135 Kilometer)

Kiruna ist durch das Vorkommen von sehr reinem Eisenerz berühmt geworden, das früher im Tagebau gewonnen wurde. Schon von weit her sieht man das Wahrzeichen von Kiruna, den "Eisenberg" *Kirunavaara*, der, in vielen Farben leuchtend, fast wie ein überdimensionaler mexikanischer Aztekentempel aussieht. Terrassen führen rund um den Berg, und jedesmal, wenn ich wieder nach Kiruna gekommen bin, hatte ich den Eindruck, daß der Berg, ursprünglich einmal 749 Meter hoch, wieder ein Stück kleiner geworden sei. Ein Irrtum, denn seit vielen Jahren wird das Erz nur noch "unter Tage" abgebaut. Der Vorrat von geschätzten 1,5 Milliarden Tonnen Magnetit wird lange reichen. Eine vierspurige Straße führt in den Berg hinein, und 75 Kilometer Eisenbahnschienen wurden für den Abtransport des Eisens verlegt. Wer will, kann sich alles während einer der Führungen, die durch das Fremdenverkehrsamt in Verbindung mit einer Stadtrundfahrt

MIT DEM MOTORRAD IN NORWEGEN

> vermittelt werden, ansehen. Wir wollen aber eigentlich keine gigantische Industrieanlage besichtigen, sondern "über den Berg" an die freie See, wo der Blick nicht durch Wälder und Bergruinen aufgehalten wird.

Kurven Mangelware - aber nur kurz!

Wir wenden uns nach *Abisko*. Das liegt in nordwestlicher Richtung. Die Straße ist gut ausgebaut (wenn nicht gerade eine Riesenbaustelle dazwischenkommt), verleitet aber dazu, achtlos die Kilometer zu "fressen", da Kurven Mangelware sind und ebenso unmerklich ansetzen, wie die Steigung ins Gebirge hinauf. Wir merken, daß es hinaufgeht, vor allem daran, daß die Vegetation sich verändert. Die Wälder werden locker und die Bäume zeigen fast Zwergwuchs. Weite Moore und Sümpfe sind im Sommer weiß von wogendem Wollgras, im Spätsommer dafür flammend rot und gelb durch die herbstliche Laubfärbung. Ein unvergleichliches Schauspiel!

Wie eine Schnur mit eckigen Perlen

Linker Hand begleitet uns seit Kiruna eine Eisenbahnlinie in teilweise riskanter Streckenführung. Vorbei an tiefen Schluchten und Abgründen, verschluckt sie plötzlich ein Berg. Nach langen Tunnelstrecken, vor allem dort, wo Schnee, Lawinen und Steinschlag drohen, tauchen die Schienen unvermittelt wieder auf, um bald wieder im Berg zu verschwinden. Bisweilen erscheint auch ein Zug, zuerst eine riesige Lokomotive, manchmal sind es auch zwei, und dann, wie auf einer Schnur mit lauter eckigen, rötlichen Perlen, folgen die großen Erzloren. Erst beginnt man zu zählen, aber bald verhaspelt man sich, da der schnelle Zug unendlich lang zu sein scheint. Er bringt das Eisengranulat nach Narvik, wo es dann in die ganze Welt verschifft wird. Die meisten Züge kommen leer zurück. Bis Riksgrensen wird uns nun der Schienenstrang der *Ofotbahn* begleiten. Unter unglaublichen Anstrengungen wurde sie um die Jahrhundertwende gebaut, da der Hafen von Luleå im Bottnischen Meerbusen vier bis fünf Monate im Jahr nicht angelaufen werden

LOFOTEN UND VESTERÅLEN

Kein seltenes Bild im Norden - kilometerweite Baustellen

kann. Eisfelder und Packeisbarrieren machen nämlich im Winter jeglichen Schiffsverkehr unmöglich.

Wildes Grenzgebirge Bjørnfjell

Wer nicht vorgesorgt hat, sollte spätestens in *Abisko* die erforderlichen Norwegerkronen eintauschen - später geht dann nichts mehr. In Abisko treffen wir auch auf jede Menge Wanderer vieler Nationalitäten, die sich von hier aus auf den Weg in die Wildnis machen. Hier beginnt nämlich der Fernwanderweg Kungsleden ("Königsweg"), der dem Wanderer über ungefähr 400 Kilometer das Äußerste abverlangt. Dadurch, daß die Touristen so zahlreich, oft in ganzen Schwärmen auftreten, hört natürlich die Wildnis irgendwann auf, Wildnis zu sein. Aber in jedem Falle kann man sich in Abisko noch mit den wichtigsten Dingen eindecken oder seine Ansichtskarten schreiben. Da es hier im schwedisch-norwegischen Grenzgebirge oft sehr kalt und regnerisch ist, tut es möglicherweise auch gut, sich in der Cafeteria etwas aufzuwärmen und zu stärken, denn bei Schlechtwetter ist das folgende Stück Weges, bis nach *Riksgrense*, wahrlich kein Genuß. In langgezogenen Kurven, die sich mit ewig langen Geraden abwechseln, geht es immer weiter hinauf bis auf das wilde Bjørnfjell.

Die waren schon 15 000 Jahre vor uns auf dem Bjørnfjell!

Der Geograph kann am Bjørnfjell fast alle Erscheinungsformen der Eiszeit und der Nacheiszeit erkennen und sicher auch erklären. Selbst für den Laien nimmt die Vorstellung Gestalt an, daß hier ungeheuerliche Kräfte gewirkt und das Gebirge verändert haben. Das Eis muß viele hundert, vielleicht gar tausend Meter mächtig gewesen sein, wenn es diese runden, glattgeschliffenen, fast polierten Flächen und Buckel geschaffen hat. Außerdem muß es sich mit ziemlicher Geschwindigkeit bewegt und ausgebreitet haben. Es mag durchaus sein, daß Findlinge, Steine, Steinchen und Sandkörner, die wir in Nord- und Ostdeutschland finden können und kaum beachten, bereits fünfzehntausend Jahre vor uns auf dem Bjørnfjell waren, dort losgerissen, zermahlen und zerkleinert wurden und dann den langen Weg nach Süden angetreten haben. Bei uns blieben sie schließlich auf irgendeinem Acker, einer Heide, an einem Strand oder in einem Wald mit Milliarden von "Weggefährten" liegen. Hier bleiben sie dann, bis andere physikalische oder geographische "Ereignisse" oder der Mensch ihnen wiederum eine andere Form oder eine andere Station in ihrer Existenz bestimmen.

Wir Biker können während unserer Reise nur etwas darüber nachdenken, und schon ändert sich die Landschaft wieder und fesselt uns mit neuen Eindrücken. Unten am Meer, dem wir uns nun bald nähern, werden wir diesen runden, glattgehobelten Buckeln, Kegeln und hutförmigen Inseln begegnen und sie wiedererkennen: Da hat die gleiche, gewaltige Urkraft des Eises den Felsen ihre unverkennbare, typische Form aufgezwungen.

Und "schwupp", sind wir über die Grenze

Riksgrense - Bjerkvik
(Streckenlänge: ca 45 Kilometer)

Während wir so über die eigentümlichen, bizarren Felsformen sinnieren, vielleicht sogar Trolle, Elfen und andere Fabelwesen unsere Phantasie beflügeln, oder wir uns, weil es naß und kalt ist, einfach nur nach Lagerfeuer, trockenen Klamotten und Grog sehnen und die Finger am Motor wärmen, sind wir unversehens in *Riksgrense*. Das heißt soviel wie "Reichsgrenze". Aber von Grenze kaum eine Spur - zwei drei Häuser nur, eine Cafeteria, ein trister Bahnsteig für Reisende aus Narvik (vgl.Stichwort Narvik) oder Kiruna, die sich hierher verirren. Das war es dann auch, und wenn wir weiterfahren, sind da nur einige Fahnen, ein hochgeklappter Schlagbaum, eine kleine Bude, aber keine Menschenseele. Und schwupp, sind wir in Norwegen. Danach führt die Straße auf einer Strecke von 27 Kilometern aus 520 Metern Höhe fast nur noch bergab bis auf Meereshöhe hinunter.

MIT DEM MOTORRAD IN NORWEGEN

Noch kein Quartier? Na, dann prost!

Wer schon lange unterwegs ist und übernachten will, der sollte sich rechtzeitig in oder hinter Abisko ein Plätzchen gesucht haben. Denn nach Riksgrensen werden die Möglichkeiten rar. Entweder wir sehen uns im Moor. Oder es gibt nur blankgehobelte Felsbuckel rechts und links der E10. Findet man dann eine Möglichkeit, die Maschine von der Straße zu bekommen, stehen dort bereits zwei, drei oder noch mehr Autos. Schaut man schließlich über die nächten Felsen hinweg, so gibt es dort jede Menge Hütten von Narvikern, oder ein Angler macht mit Mimik, Gestik oder Worten klar, daß wir unerwünschte Personen sind. Schade eigentlich, denn man möchte doch nur den herrlichen Ausblick, vielleicht sogar auf den Ofotfjord und die Lofoten, genießen, das Zelt aufstellen, etwas kochen und dann in die Mitternachtssonne hineinträumen. Vielleicht gelingt es ja den Lesern dieses Reiseführers, doch ein solches Plätzchen ausfindig zu machen. Bloß nicht weitersagen, sonst ist der Geheimtip bald nicht mehr geheim!

Nur noch bergab

Es geht weiterhin runter, und zwar so heftig, daß mancher ordentlich schlucken muß, um den Druck von den Ohren zu bekommen. Es kommt Kurvenfreude auf, aber nach der langen Geradeausfahrt ist Vorsicht angesagt. Allzu schnell ist bei Bergabfahrt oder einer enger werdenden Kurve mit nach den Seiten abfallendem Straßenprofil eine Flucht ins Gelände nötig — aber nicht möglich. Denn immer noch, bis fast hinunter an den Fjord, begleiten uns Felsbuckel, schroffe Wände, gischtende Wasserfälle und danach, weiter unten, undurchdringliches Gestrüpp. Aber bei etwas Vorsicht sind wir dann doch genuß- und kurvenreich das Gebirge hintergekommen und erreichen am Fjord die Europastraße 6, eben nördlich Narvik. Wir wenden uns nach Norden, das heißt nach rechts - möglicherweise ist *Alta* ausgeschildert. Jedenfalls folgen wir der Europastraße 6, bleiben aber zugleich unserer E10 treu. Denn ihr folgen wir dann ab Bjerkvik wieder, wenn wir die E6 in scharfer Biegung am Fjordende Richtung Westen verlassen und uns unserem eigentlichen Ziel, den *Vesterålen* und den *Lofoten*, zuwenden.

LOFOTEN UND VESTERÅLEN

Biker willkomen!

Bjerkvik - Tjeldsund bru
(Streckenlänge ca 63 Kilometer)

Hier finden wir auch wieder bessere Möglichkeiten, unser Zelt aufzuschlagen, spätestens, wenn wir uns einige Kilometer hinter Bjerkvik nach rechts Richtung Grovfjord halten. In Lenvikmark, das wir kaum als Ortschaft erkennen, biegen wir von der E10 nach rechts in Richtung Grovfjord auf die RV 829 ab. Nach wenigen Kilometern kommen wir zum Camping Annamo, mit herrlicher Kulisse und einem bikerfreundlichen Besitzer. Er stammt aus der Schweiz und ist als Seemann vor Jahren hier hängengeblieben. Eine Traumkarriere für jemanden, der die Einsamkeit liebt, denn im Winter wird es hier etliche Wochen nicht hell und Schneemassen schneiden den Hof oft tagelang von der Außenwelt ab.
Wir können noch an diesem Tage weiterfahren, oder aber hier die Nacht verbringen. Folgen wir der RV 829 weiter, so kommen wir in Grovfjord unter der Brücke an einen Straumen, wo wir nach einer Angelpartie unseren Speisezettel mit frischem Seelachsfilet ergänzen können. Die Gegend ist zu bestimmten Zeiten außerdem sehr pilzreich, und wer gerne Blaubeeren mag, findet hier Mitte Juli ein wahres Feinschmeckerparadies! Wenn wir in Grovfjord schließlich auf die RV 825 stoßen, biegen wir nach links ab und fahren, immer am Fjord entlang, bis nach Tjeldsund, wo wir die E10 wieder erreichen. Ein kleiner Umweg von insgesamt 52 Kilometern hat uns schöne Landschaftseindrücke und kurvenreiches Fahren an der Küste beschert.

Brücke aus Tausendundeinem Meter - wie ein Märchen

Je nach Tageszeit, Kondition oder Wetter verzichten wir aber auf diesen kleinen Rundkurs, weil uns ja auch sonst schöne Erlebnisse erwarten. Wir fahren also auf unserer E10 zunächst am *"Ofoten"*, dem berühmten Ofotfjord entlang und verlassen ihn nur kurz zwischendurch, wenn es über einen etwas höheren Felsbuckel geht. Wenn wir Glück haben, können wir sogar nach halblinks hinüber einen Blick auf Narvik und das dahinter liegende Bjørnfell erhaschen, wo wir ja gerade herkommen. Wir kommen am Flugplatz *Evenes* vorbei, und bald wendet sich die Straße nach Nordwesten. Wir erreichen erneut das Meer und in *Steinsland* könnten wir übernachten, erfolgreich fischen und möglicherweise auch eine Bootspartie mit einem geliehenen Ruderboot unternehmen. Kurz danach sehen wir schon die *Tjeldsund bru* (Brücke von Tjeldsund), die genau 1001 Meter lang ist und bei tiefstehender Sonne oder schönem, klarem "Skandinavienwetter", märchenhafte Aussichten ermöglicht, vor allem, weil sie mit 41 Metern "Durchfahrthöhe" wirklich einen guten Überblick bietet! Mit etwas Glück können wir Frachter, Trawler, Kutter oder schnittige Segeljachten sehen, während wir hoch über dem Sund dahinrollen. Bei Beginn und Ende der Brücke gibt es für "Fotowetter" jeweils kleine Haltebuchten. Dort kann man etwas verschnaufen und möglicherweise einige schöne Bilder "schießen". Es ist auch genügend Platz, den Gaskocher anzuwerfen und sich etwas Feines zu gönnen.

Endlich Vesterålen

Haben wir die andere Seite der Brücke erreicht, sind wir auch schon auf den *Vesterålen* angekommen. Nun haben wir aber schon wieder die Qual der Wahl, die uns auf keiner Reise so recht erspart bleibt! Also ein Würfelspiel — die Münze werfen? Ganz gleich, wie die Wahl fällt, haben wir gewonnen und verloren zugleich! Denn alle Wege, die wir hier einschlagen können, lohnen sich, und niemand wird enttäuscht sein.

Rund Hinnøya

(Tjeldsund bru - Harstad - Langvassbukt)
(Streckenlänge: ca 75 Kilometer)

Wer gerne eine beschauliche Abwechslung hat, der biegt hinter der Brücke rechts ein in die Reichsstraße 83. Sie führt über das Fischerdörfchen Kilbotn nach *Harstad*. Kommen wir zur richtigen Jahreszeit, gibt es heimische Erdbeeren zu kaufen. Das Klima ist durch den Golfstrom und eine geschützte Lage besonders günstig. So finden wir neben der Fischerei zahlreiche Plantagen und auch eine lohnende Landwirtschaft. Bis Harstad begleiten uns große Höfe und lustig bunte Fischerhäuser entlang der gut ausgebauten Straße. Harstad hat etwa 23 000 Einwohner. Von hier aus werden die nördlich gelegenen Ölvorkommen erschlossen und ausgebeutet. Wir können eine "Alfa-øysafari" (Inselsafari) unternehmen, die über das

LOFOTEN UND VESTERÅLEN

> Turistinfo vermittelt wird. Dort geht es hinaus in die Inselwelt vor Hinnøya. Wir können uns auch noch eine mittelalterliche Kirche und ein hübsches Museumsdorf ansehen. In einem zoologischen Museum sind mehr als 1000 Vogelarten ausgestellt.
> Von Harstad aus folgen wir der Reichsstraße 850 über eine Hochfläche und später wieder an einem Sund entlang, bis Refsnes. Dort bringt uns eine Fähre nach Flesnes. Nach 11 Kilometern sind wir dann wieder auf der Europastraße 10 in Langvassbukt angekommen.

Norwegens größte Insel - Hinnøya

Tjeldsund bru - Sortland
(Streckenlänge ca 110 Kilometer)

Folgen wir der E10 weiter in Richtung Lofoten. Um diese zu erreichen, müssen wir zunächst bis *Sortland* einen großen Bogen schlagen. Wir durchfahren gerade die größte Insel Norwegens, *Hinnøya*. Gewaltige Berge von über 1200 Metern Höhe türmen sich auf. Sie sind fast kahl und haben schroffe Steilwände an allen Seiten. Manche Wand ist hier unbestiegen, und viele Kletterer kommen in dieses Eldorado, um ihre persönliche Herausforderung zu bestehen. Die kleinen Restgletscher in den Gipfelregionen sind kaum sichtbar, aber der meist reichliche Schneefall des Winters hat auch im Hochsommer noch deutliche Spuren hinterlassen.

Die E10 folgt immer dem Ufer des Tjeldsundes, und in *Kongsvik* können wir einen kleinen Abstecher in das wilde Kongsviktal wagen. Eine schmale Schotterpiste führt uns in ein weites Trogtal, das durch einen Streifen Glimmerschiefer und kristallinen Kalk im Gestein eine üppige und ganz besondere Vegetation aufweist.

Zurück in Kongsvik, folgen wir weiter der Europastraße. Nun fahren wir schon fast in südlicher Richtung, und kurz bevor wir uns in Kåringen in einer scharfen Kurve wieder nach Norden wenden, können wir links nach *Lødingen* abbiegen.

Lødingen ist eine alte, bedeutende Lotsstation. Von hier aus könnten wir mit der Fähre nach *Bognes* übersetzen, und wir würden dort wieder auf die E6 treffen. Auf einer meiner ersten Norwegenreisen habe ich das einmal so gemacht, weil mein Zeitplan durcheinander gekommen war. So hatte ich aber wenigstens einen kleinen Eindruck von den Vesterålen bekommen,

MIT DEM MOTORRAD IN NORWEGEN

in fast greifbarer Nähe die Lofoten vor mir gesehen und somit das Reiseziel für das nächste Jahr schon angepeilt.

Bald ohne Fähre zu den Lofoten?

Wir überwinden eine Steigung, die uns bis auf 200 Meter Höhe führt, und wir sollten immer fotobereit sein. Herrliche, weite Ausblicke lohnen jeden kleinen Stop in einer "Haltebucht". Hier ungefähr werden die Leser, die ab 1999 zu den Lofoten wollen, den im Bau befindlichen *"Lofotvei"* (Lofotweg) fahren können. Dieses Straßenprojekt führt in waghalsiger Streckenführung direkt auf die Lofoten. Man kommt in *Fiskebøl* raus, wo heute noch die Fähre aus *Melbu* ankommt. Die Fährfahrt (etwa 50 Minuten) und ca 70 Kilometer werden eingespart. Allerding entgeht dem Biker dann eine schöne Fahrt am Fjord und steilen Felswänden entlang. Außerdem entfallen die schönen Ausflüge auf Nebenstrecken (siehe unten). Wer es eilig hat, wird aber sicher diese Abkürzung nehmen.

Bald verlassen wir Hinnøya. Lange vorher sehen wir schon dort, wo der Sortlandssund am schmalsten wird, eine Brücke, die in elegantem Schwung auf die andere Seite führt. Die *Sortlandsbrücke* ist 961 Meter lang, und wir wissen etwa 30 Meter Luft unter uns, wenn wir auf die andere Seite, nach *Sortland,* fahren. Keine Sorge: Bisher haben in Norwegen alle Brücken gehalten. Es sind wahrhaftig viele, und wir haben auf unserer Fahrt auch noch einige Brücken vor uns.

Ausflug zur "Enteninsel"

Strand - Andenes und zurück
(Streckenlänge ca 225 Kilometer)

Wenn wir nicht auf die große Brücke nach Sortland, sondern einfach geradeaus fahren, so haben wir die Reichsstraße 82 zu fassen. Sie führt fast direkt nach Norden und verläuft fast immer am Meer entlang. Zunächst fahren wir an der Westküste von Hinnøya und genießen herrliche Ausblicke, eine gut ausgebaute Straße und flotte Kurven. Der Geruch des Meeres begleitet uns und draußen dümpeln Fischkutter im Sund. Fischfang ist auch hier noch der hauptsächliche Broterwerb, obwohl allgemein ein Rückgang der Fänge beklagt wird. Da wir in einer sehr langen "Sackgasse" sind, sparen wir uns die Sehenswürdigkeiten für den Rückweg auf. Zuerst wollen wir auf die Insel *Andøya* ("Enteninsel"). Dieses Eiland ragt mit seiner Nordspitze weit hinaus in den Atlantik, der hier "Norskehavet" (Norwegensee) heißt. Andøya besteht zu etwa 50% aus Moorflächen, die den verschiedensten Vögeln

LOFOTEN UND VESTERÅLEN

Heimat bieten. Die ansonsten eher seltene Moltebeere schmeckt köstlich und kommt hier so häufig vor, daß einige Anwohner vom Verkauf dieser Früchte leben können. Auch die vorgelagerten Inseln und Schären sind ein Vogelparadies. Da kann man von Glück sagen, daß die Kohle- und Ölvorkommen der Insel so gering sind, daß sich ihre Ausbeutung nicht lohnt. Vor 150 Millionen Jahren herrschte hier jedenfalls tropisches Klima und zahlreiche Fossilienfunde zeugen davon, daß es sogar Kriechsaurier in diesem Bereich gegeben hat.

Bei *Risøyhamn* führt uns eine Brücke hinüber nach Andøya, und wir rollen immer am Ostufer der Insel entlang nach Norden. Wer Schotter liebt, biegt schon in Risøyhamn nach Westen ab. An der Westküste führt ihn dann ein schmales, kurviges, abenteuerliches Sträßchen auch an unser Ziel. *Andenes*, die "Hauptstadt" der Insel, hat etwa 3000 Einwohner, die überwiegend von der Fischerei und den damit verbundenen Gewerbebereichen leben. Kulturfunde aus der Eisenzeit belegen, daß bereits vor langer Zeit Fischfang und Jagd auf Wal und Robbe von Andøya aus betrieben wurden, und Andenes war immer das Zentrum. Alte Siedlungsspuren und viele Grabhügel zeugen davon. Sie sind teilweise als "Minnesmerke"(Kulturdenkmal) gekennzeichnet.

Walfang und Trankocherei waren immer schon Lebensgrundlage in Andenes. Heute wird aber nur noch selten mit der Harpune gejagt. Wir haben hier im Nordmeer die einmalige Chance auf einer "Walsafari" ganz dicht an die gewaltigen Meeressäuger heranzukommen, die hier noch recht zahlreich sind. Im "Turistinformasjonskontor" kann man die "Hvalsafari" buchen und hat gute Aussicht, einige der 20 Meter langen, bis zu 40 Tonnen schweren Tiere zu sehen. Keine Angst: wir fahren in Spezialschiffen und können sicher gute Fotos mit heimbringen. Das Turistinformasjonskontor vermittelt auch Angeltouren mit Fischkuttern, Fahrten zu den Vogelinseln und den Besuch des lohnenswerten Polarmuseums. Dabei gibt es vom 16. Mai bis zum 26. Juli gratis die Mitternachtssonne. Der Horizont liegt frei vor uns und wir haben fast ein wenig "Nordkapgefühl". Nur, daß hier alles ruhiger, beschaulicher und weniger kommerziell abgeht!

Auf der Rückfahrt können wir ja noch in Ramså anhalten. Dort ist das "geologische Fenster" mit den Kohlevorkommen. Das anstehende Gestein wurde in der Jurazeit abgelagert, und wir können mit etwas Glück versteinerte Ammoniten, Muscheln oder Pflanzenteile finden. Wenn wir Kurzweil suchen, können wir auch überall Pilze finden, Beeren sammeln oder etwas angeln. Zeltmöglichkeiten gibt es auch reichlich.

MIT DEM MOTORRAD IN NORWEGEN

Am Haken

Sortland - Stokmarknes - Melbu-Fähre - Fiskeböl.

(Streckenlänge ca 41 Kilometer)

Wenn wir nicht noch eine Spritztour nach Nyksund an der Nordspitze der Insel Langøya oder über Bø nach Straumsnes unternehmen wollen, wenden wir uns nun zügig nach Süden. Seit der Brücke von Sortland haben wir Hinnøya verlassen. Langøya ist zerklüfteter als ihre Nachbarin und steil aufragende, schroffe Wände kennzeichnen vor allem ihre Westseite. Die E10, die an der Südostküste der Insel entlang führt, ist sehr gut ausgebaut. So merken wir kaum, daß wir bereits nach 26 Kilometern Langöya über eine schwungvolle Brücke verlassen. Auch diese Brücke ist wieder mehr als einen Kilometer lang. Sie wurde mit einer Ultraschallsperre ausgestattet. Diese richtet sich allerdings nicht

LOFOTEN UND VESTERÅLEN

Idyllische Hafenkulisse auf den Lofoten

gegen zu laute "Eintöpfe" unter uns, sondern sie soll verhindern, daß Füchse die Insel Hadseløya erobern und das natürliche Gleichgewicht stören. (Das taten sie nämlich, nachdem Andøya über eine Brücke erreichbar wurde!) Die Hadselbrücke führt uns hinüber nach *Stokmarknes*, und die Füchse müssen drüben bleiben.

"pole - position"

Von Stockmarknes sind es gerade noch 15 schnelle Kilometer bis *Melbu,* die wir kaum merken. Wir brauchen uns hier nicht in gewagte Überholmanöver zu stürzen, um einen günstigen Warteplatz für die Fähre zu ergattern. Auch in Melbu, wo wieder mehrspurig aufgefahren wird, sind Biker immer in der "pole - position". Hier gilt ebenfalls, daß für uns fast immer ein Plätzchen frei ist. Außerdem macht die Fähre etwa

10 Fahrten am Tag nach *Fiskebøl* und zurück. Die andere Seite erreichen wir nach einer halbstündigen Überfahrt. Wenn das Wetter taugt, sollten wir mit dem Fotoapparat auf das Sonnendeck, da wir hier eine herrliche Aussicht genießen können, wenn wir uns den steil aufragenden Felsen und Wänden der Lofoten nähern. Je dichter wir herankommen, umso gewaltiger türmen sie sich vor uns auf.

Fiskebøl - Svolvær

(Streckenlänge ca 35 Kilometer)

Nach dieser schönen Überfahrt müssen wir nun erst einmal die lästigen Wohnmobile, Gespanne und Lastwagen abschütteln. Doch Vorsicht: Die Straße ist zwar gut ausgebaut, aber immer wieder, ganz unerwartet, unübersichtlich und mit abfallenden Seitenrändern. Außerdem sind die ganzen Lofoten mit fest installierten Radarfallen gespickt. Wie schon gesagt, wird auch hier sofort kassiert. Trotz alledem können wir uns diesen oder jenen Blick nach links gönnen, wo uns immer Sunde, Inselchen und Fjordarme begleiten. Blumen am Wegesrand blühen üppig und die ersten großen Holzgestelle mit Trockenfisch stehen neben bunten Häuschen auf Felsbuckeln am Strand. Ab und zu gibt es eine Haltebucht, wo wir bei lohnenden Motiven einen kurzen Fotostop einlegen können. Man hat den Eindruck, daß es mit jedem Kilometer schöner wird. Schließlich tauchen vor uns viele bunte und weiße Häuser, Schornsteine, Ladekräne und der Tower eines Flugplatzes auf. Wir erreichen *Svolvær.*

Hauptstadt der Lofoten

Svolvær ist unbestritten die "Hauptstadt" der Lofoten. Die etwa 10 000 Einwohner haben früher überwiegend mit der Fischerei zu tun gehabt. Die Lofoten hatten großartige Fischvorkommen und waren berühmt für den Großdorsch, der hier von Januar bis Ende März gefangen wurde. Als gesalzener "Klippfisch" oder als getrockneter "Stockfisch" wurde der Fang von bis zu 40 Millionen Kilogramm in alle Welt verkauft. Heute sind die Gründe überfischt, die ökologischen Verhältnisse nachteilig verändert und die Betriebskosten sind so immens gestiegen, daß der Fang mit Netz,

LOFOTEN UND VESTERÅLEN

Typisches Fischtrockengerüst auf den Lofoten

Langleine oder Pilker immer weiter zurückgegangen ist. So haben die Bewohner mit hoher Arbeitslosigkeit zu kämpfen, denn die Förderung von Erdöl und -gas spielt sich weiter im Süden und im Norden ab. Lachsaufzucht und -mast sind nur eine kleine, unbedeutende Alternative. Trotzdem sind viele Orte noch lebhafte Siedlungen geblieben, in denen geschäftiges Treiben herrscht. Andere aber haben einen Niedergang erlebt und sind fast entvölkert.
Svolvær hat sich als politisches, wirtschaftliches und kulturelles Zentrum halten können und entwickelte dabei sogar den Ruf als "Künstlerstadt". Zahlreiche Maler, Bildhauer, Musiker und Schriftsteller kamen hierher um zu bleiben und um sich von der besonderen Stimmung der Lofoten inspirieren zu lassen. Ihre Werke schmücken auch die Räume vieler öffentlicher Gebäude und ein reichhaltiges Kulturprogramm lockt im Sommer viele Touristen und Einheimische nach Svolvær, wo Kunstausstellungen, Theater und Konzerte angeboten werden. Für uns vielleicht eine Gelegenheit, auch einmal etwas Kultur zu "schnuppern". Wenn wir bleiben wollen, können wir auf dem Campingplatz unser Nylonappartement aufbauen, oder ein Häuschen - Rorbu - mieten. Diese Hütten werden überall auf den Lofoten angeboten. In der Hauptfangsaison dienen sie den vielen Fischern, die teilweise aus ganz Norwegen mit ihren Kuttern angereist sind, als Bleibe

während der 3 Wintermonate. Vor 20 Jahren traten noch etwa 20 000 die beschwerliche Reise an, heute sind es nur noch 3000. Die umliegenden, schroffen Felswände sind jedes Jahr immer wieder eine Herausforderung für Extremkletterer. Verschiedene kleine Autofähren, Linienschiffe und Ausflugsboote laden ein, die umliegende Inselwelt zu erkunden. Außerdem verkehrt von hier aus die Autofähre nach *Skutvik*, die in 9 täglichen Abfahrten den Hauptverkehr zum Festland bewältigt. Wer also von hier aus schnell zur E6 möchte, der erreicht nach ca 2 Stunden Fahrt über den *Vestfjord* das andere Ufer und hat dann nach 36 Motorradkilometern die E6 erreicht. Wir bleiben aber noch etwas, denn in Svolvaer gibt es alle wichtigen Einrichtungen und Läden. So können wir die notwendigsten Besorgungen erledigen.

Svolvær - Kabelvåg - Leknes - Reine - Å

(Streckenlänge ca 125 Kilometer)

Folgen wir der E10 weiter nach Westen, kommen wir nach *Kabelvåg*. Als Norwegens Wirtschaft noch von der Ausfuhr von Fisch, besonders von Stockfisch, profitierte, sollen von Kabelvåg bis zu 80 Prozent aller Exporterlöse erwirtschaftet worden sein. So finden wir hier auch heute noch recht große und wichtige Fischverarbeitungsbetriebe, und so manches Fischstäbchen in deutschen Bratpfannen mag hier hergestellt worden sein. Für uns lohnt sich vor allem ein Besuch im Lofotaquarium, wo wir die Tierwelt des Vestfjords bewundern können. Im selben Gebäude befindet sich ein kleines Museum, das die Lofotfischerei zum Thema hat. Ganz in der Nähe liegt Storvågan, wo ein umfangreiches Lofotmuseum zahlreiche Besucher anlockt. Die Rorbu-Siedlung zeigt viele alte und neuere Hütten, in typischem Rot leuchtend. Teilweise wurden sie auf Pfählen im Wasser errichtet. Wegen des felsigen Ufers und der schroffen Felswände ist Baugrund nämlich kostbar, außerdem ist es praktisch, gleich am "Arbeitsplatz" zu wohnen. Einige dieser Häuschen werden für Durchreisende vermietet. Insgesamt ist das die größte erhaltene Rorbu-Siedlung der Lofoten.

LOFOTEN UND VESTERÅLEN

Vågekallen - Dach der Lofoten

Von vielen Stellen unserer E10 aus können wir den mächtigen Gipfel des 942 Meter hohen Vågekallen erblicken. Er begleitet uns ein ganzes Wegstück. Seine schwierige Besteigung dauert etwa vier Stunden, der Abstieg zwei. Diese Unternehmung sollten wir aber nur mit einem ortskundigen Führer wagen. Die Turistinformasjion von Kabelvåg kann Auskunft geben. Bald durchfahren wir den 700 Meter langen Rörviktunnel und, etwas später, geht es in 30 Metern Höhe über den Gimsøystraumen hinweg auf die nächste Insel: Gimsøy. Kurz darauf verlassen wir Gimsøy wieder über die nächste Brücke. So kommen wir nach Vest-Vågøy.

Bike auf dem Luftweg

Direkt hinter der Brücke können wir nach links abbiegen und als Alternative auf der Reichsstraße 815 an der Küste entlangfahren. Die Strecke ist recht hübsch, da sie immer am Ufer entlangführt, wo schmucke Fischerdörfchen fast ins Wasser hinausgebaut wurden und bunte Kutter und Boote ein lebhaftes Bild machen. Wer sein Motorrad auf ein Postschiff der Hurtigrute verladen will, um einen Teil des Weges nach Süden oder Norden auf See zurückzulegen, der kann das von *Stamsund* aus tun. Stamsund erreichen wir, wenn wir von der RV 815 in die 817 einbiegen. Stamsund ist ein lebhafter kleiner Ort mit einer bedeutenden Trawlerflotte. Wenn wir also hier verladen wollen, müssen wir bei den meisten Schiffen unser Bike einer Kranverladung aussetzen. Meistens klappt das ohne Blessuren, aber es ist schon ein eigentümliches Gefühl, die Maschine plötzlich hoch über sich schweben zu sehen. Motorräder werden dann meist an Deck abgestellt und an der Reling verzurrt. Da kann man nur hoffen, bald nach Ankunft im Zielhafen in einen kräftigen Schauer zu geraten, damit das Salzwasser nicht allzu derbe Spuren hinterläßt. Aber Regen können wir ja in Norwegen leicht mehr als genug bekommen!

MIT DEM MOTORRAD IN NORWEGEN

> Wenn wir die RV 815 fortsetzen, treffen wir in *Leknes* wieder auf die Europastraße. Diese hat sich eher an der Westseite der Insel entlanggeschlängelt und immer wieder Bögen ins Innere geschlagen. Beide Streckenführungen sind aber sehr reizvoll und bieten rasante Kurven und malerische Ansichten. Leknes hat ungefähr 10 000 Einwohner und ist das Verwaltungszentrum von Vest-Vågøy. Hier kann man einkaufen, bummeln und sich in Straßencafés entspannen. Krankenhaus, Flugplatz und Fischereischule bieten die meisten Arbeitsplätze.
>
> Kurz hinter Leknes führt die nur acht Kilometer lange Reichsstraße 818 nach *Ballstad,* das als besonders malerisches Fischerdorf gilt und direkt unter dem mächtigen, 466 Meter hohen, Ballstadfjell gelegen ist. Von dort oben hat man einen herrlichen Ausblick über die Lofoten und hinüber zum Festland. Im Dorf kann man gut ein Rorbu mieten und auch ein Boot ausleihen, um vom Wasser aus zu fotografieren oder auch zu fischen. Ein Denkmal erinnert an die vielen Fischer, die vom Fang nicht wieder zurückkehrten.

Dann heißt es plötzlich: "bom"

Wir kommen nach Lilleidet, wo früher eine Fährstation war, die aber seit einigen Jahren stillgelegt wurde. Zur nächsten Insel - *Flagstadøya* - führt nämlich ein 1,7 Kilometer langer Tunnel unter dem Nappstraumen hinweg nach *Napp.* Da geht es steil hinunter und auch steil wieder hinauf. Glücklicherweise ist der Tunnel gut ausgeleuchtet. Auf der anderen Seite taucht ein Warnschild mit der Aufschrift "bom" auf. Das heißt soviel wie Schlagbaum. Der ist geöffnet, aber eine rote Ampel läßt uns anhalten. Wir müssen erst unsere Maut entrichten, bevor wir weiterfahren können. Kleine Stichstraßen, die sich dann zum Teil als schöne, kurvenreiche Schotterpisten herausstellen, führen an einsame Buchten, verlassene Dörfchen und herrlich weiße Strände. Keine Menschenseele trifft man hier. Wenn es wärmer wäre, könnte man sich ein erfrischendes Bad vorstellen.

> ### Ein kleines Schmuckstück: Nusfjord
>
> Der schönste Seitenweg führt aber nach *Nusfjord*. Zwischen fast senkrechten, glatten Felsen zeigt sich eine kleine Bucht, wie ein natürlicher Hafen. Kleine, bunte Pfahlbauten stehen da am Ufer wie in alten Zeiten, und auf den umliegenden Felsbuckeln sind noch die Trockengestelle zu sehen. Früher hingen sie voll von Dorschen, die hier in der Seeluft trockneten,

LOFOTEN UND VESTERÅLEN

Möven kreisten und begleiteten mit Geschrei die Fischkutter. Heute ist hier kein Fischereibetrieb mehr und auch die Lachszucht hat sich nicht rentiert. Um die Häuschen vor dem Verfall zu retten, werden sie nun das ganze Jahr über an Feriengäste vermietet, die in ihrem Urlaub nach Herzenslust fischen können und sich mit vielen anderen Ausflügen die Zeit vertreiben. Weil Nusfjord so malerisch ist, steht es heute unter Denkmalschutz.

Und noch mehr Brücken

Viele kleine und große Brücken schneiden Buchten ab und verkürzen uns den Weg. Führt die Straße etwas höher hinauf, sehen wir unten durch das glasklare Wasser große Tangfelder und weiße Sandbänke, Möven verjagen einen Seeadler, Krähenscharben sitzen mit zum Trocknen ausgebreiteten Flügeln auf Felsinselchen, und, mit etwas Glück, können wir auch Robben bei der Jagd beobachten. Eine weitere Brücke bringt uns zur nächsten Insel *(Moskenesøy)*, wo wir auch dann den Endpunkt dieses Tourenvorschlages ansteuern. Aber noch erwartet uns eine atemberaubende Streckenführung von *Mølnarodden* nach *Hamnøy.* Hoch oben über dem Fjord wurde die Straße in den Fels gesprengt und wir sehen die Fischkutter unten wie kleine Spielzeugboote. Die Schaumköpfe auf dem Wasser, die uns vorhin noch wie wilde Brecher vorkamen, sehen nun aus wie kleine, schaukelnde Wölkchen. Halten wir an einer der wenigen, kleinen Ausbuchtungen der Straße an und stellen den Motor ab, hören wir von unten das Rauschen und Rollen der Brandung, die sich an dem steilen Felsufer bricht.

In der Ferne erscheint der Leuchtturm von *Reine,* das wir dann, wieder auf gleicher Höhe wie das Meer, nach wenigen Kilometern erreichen. Hier gibt es neben der Fischerei und den Veredelungsbetrieben ausgeprägten Tourismus. Ein Teil des Hafens liegt voller Sportboote und die Häuschen und Hütten werden gern - auch ganzjährig - an Touristen vermietet. Der Fährhafen von *Moskenes* ist nahebei. Hier kann man zweimal täglich nach Bodø fahren.

MIT DEM MOTORRAD IN NORWEGEN

> ### Værøy und Röst - einmalig!
>
> Von Moskenes aus kann man aber auch hinaus zu den kleinen Fischerinseln Værøy und Røst weit draußen im Atlantik fahren. Ein Ausflug dorthin ist ein unvergeßliches Erlebnis. Hunderte von Schären, Inseln und hutförmigen Felsbuckeln sind nur mit Gras und Kräutern bewachsen und ein wahres Vogelparadies. Die wenigen Menschen, die dort das ganze Jahr über leben, müssen gut mit Sturm, Einsamkeit, Dunkelheit und anderen Entbehrungen umgehen können!

Å - Norwegisches "Lands End"

Wenn wir hinter Moskenes noch einige Kilometer weiterfahren, geht es, immer zwischen Meer und Felswänden, über Brücken, hügelauf und hügelab, vorbei an einsamen Leuchttürmchen und anderen Seezeichen, bis wir das letzte Örtchen der Lofoten erreichen: *Å*. Hier können wir auf dem Campingplatz, in einem Rorbu oder in freier Natur übernachten. Der Ort hat etwa 200 Einwohner. Er ist malerisch gelegen und hat eine große Anziehungskraft für alle Lofotreisenden. Das wissen die Menschen hier zu nutzen und bieten Bootsverleih, Fischereimuseum, Kunstausstellungen und ein großes Fischerfest. Hier kann man ausgelassen feiern!

Wir können auch noch, wenn wir ausreichend Zeit haben, um die Fähre in Moskenes zu erreichen, eine - allerdings beschwerliche und lange - Tour zum *Lofotodden* machen. Der Lofotodden ist das "Südkap" der Lofoten. Wenn wir dort sind, stehen wir am *Moskenesstraumen,* dem stärksten Meeresstrom der Welt. Ganz in der Nähe finden wir in *Revsvik* noch zu einer gigantischen, dachförmigen Brandungshöhle. Die Aushöhlung ist etwa 50 Meter hoch. Dort haben vor ungefähr 3000 Jahren erste Bewohner Kulturspuren und eindrucksvolle Felsmalereien hinterlassen. Um sicher zum Lofotodden oder nach Revsvik und zurück zu finden empfiehlt es sich, am Kiosk oder auf dem Campingplatz eine Karte zu besorgen. Wir fahren nach diesem Abstecher zurück bis Moskenes. Dort erreichen wir die Fähre nach Bodø, von wo aus uns der Weg zurück zur E6 oder zum Kystriksvei (RV 17) führt. Die Tickets gibt es am Hafen. Es empfiehlt sich aber, sie vorher zu buchen. Das kann man gut im Reisebüro in Svolvær oder Leknes erledigen.

LOFOTEN UND VESTERÅLEN

Endpunkt unserer Tour: das kleine Örtchen Å

Dieser Besuch am äußersten Ende der Lofoten ist sicher ein Höhepunkt unseres Tourenvorschlages und mancher Norwegenreise gewesen, und wir können noch lange von den schönen Eindrücken zehren.

MIT DEM MOTORRAD IN NORWEGEN

Die bekannte Borgund Stavkirke

Tourenvorschlag 3

Land der Fjorde und Gletscher: Rund Südnorwegen

Streckenverlauf: Oslo - Hønefoss - Fagernes - Borgund - Revsnes - Voss - Bergen - Førde - Stryn - Ålesund - Molde - Kristiansund - Åndalsnes - Trollstig - Geiranger - Grotli - Lom - Juvashytta - Bygdin - Fagernes - Hønefoss - Oslo (Streckenlänge: ca 1720 Kilometer).

Dieser Tourenvorschlag ist eine echte Rundreise. Sie läßt sich, je nach Wetter, Kondition und Lust in etwa 10 Tagen bewältigen. Wenn man weniger Zeit zur Verfügung hat, kommt man auch mit einer Woche aus. Bei Wahrnehmung aller Abstecher, Umwege und Besichtigungen kommt man leicht auf 14 Tage. Da überlassen wir die Qual der Wahl dem Reisenden, den man ja bekanntlich nicht aufhalten soll, und der letztendlich selbst entscheiden muß. Viele weitere Möglichkeiten blieben unerwähnt und man mag dem Verfasser die Unvollständigkeit auch hier noch einmal verzeihen. Diese ist das Schicksal jeden Reiseführers! Nebenwege und Abkürzungen verändern natürlich den Zeitbedarf. Außerdem gibt es immer wieder die Möglichkeit, vorzeitig aus dem "Programm" auszuscheiden. Hierauf wird bei Gelegenheit hingewiesen.

Ganz leicht zu finden: E16 Richtung Bergen

Oslo - Hønefoss
(Streckenlänge: ca 57 Kilometer)

Wer in Oslo ankommt, der kann die Besichtigungsvorschläge ab Seite 153 annehmen, und sich dann auf den Weg machen. Wer Oslo schon kennt, der franzt sich gleich mühelos durch das gut ausgeschilderte System von Tunneln, Hochstraßen und autobahnähnlichen Umgehungswegen hinaus aus Norwegens

MIT DEM MOTORRAD IN NORWEGEN

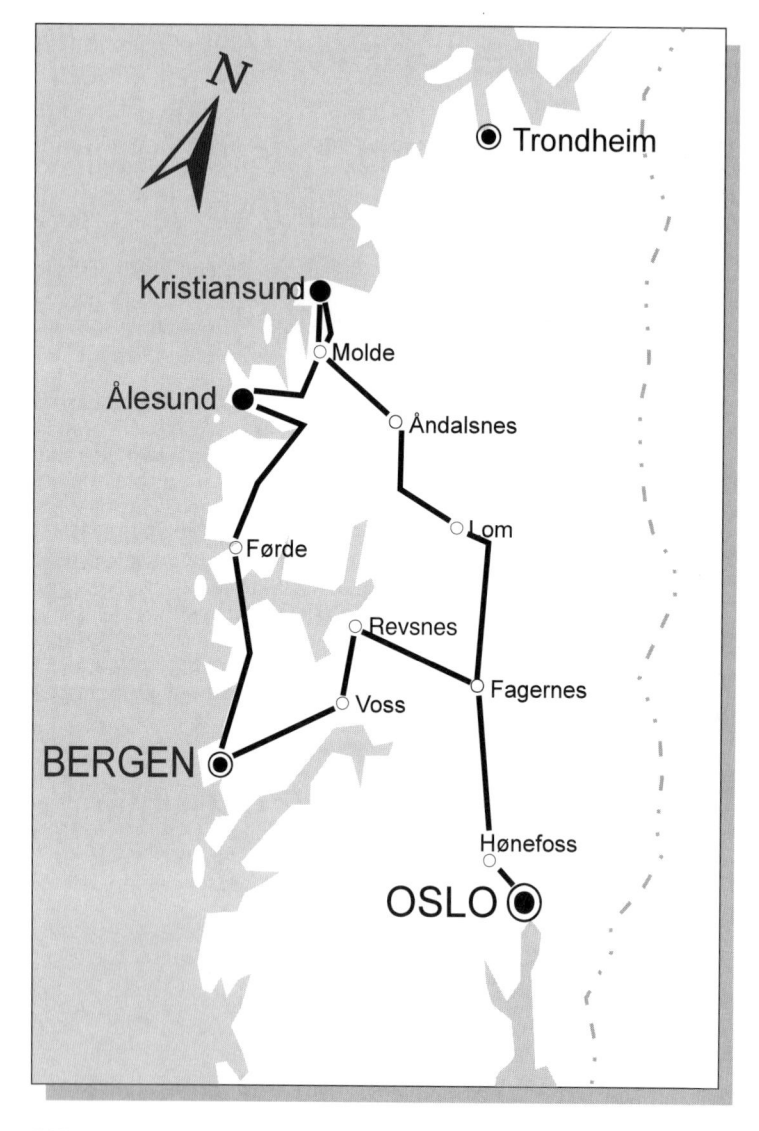

RUND SÜDNORWEGEN

Hauptstadt. Man folgt am besten den bekannten Schildchen, die uns hier auf die E16 und die E18 hinweisen. Zunächst gibt es Schilder in Richtung *Drammen, Hønefoss, Kristiansand* und *Bergen*. Unser Plan ist es, über Hønefoss nach Bergen zu fahren. Am Ortsausgang von Oslo gabelt sich der Weg und wir bleiben auf der E16.

Wir befinden uns eindeutig noch einige Zeit im Einzugsbereich von Oslo. Wir merken das nicht nur an den mannigfachen Gerüchen, sondern auch an der Bebauung und dem teilweise dichten Verkehr. Die Straße ist aber angemessen ausgebaut und erlaubt risikofreie Überholmanöver. Auch hier wieder: Achtung, Radar! Zahlreiche Freizeiteinrichtungen findet man hier, wo die Menschen aus Oslo im Sommer in Freizeitparks, Schwimmbädern und Sommerhütten ihre Wochenenden verbringen. Für die dunklen Wintermonate gibt es beleuchtete Langlaufloipen, Sprungschanzen und Eislaufhallen. Eine große Schanze, wo wichtige Weltcup-Wettbewerbe stattfinden, sehen wir in *Skuibakken* dicht bei der Straße. Bei *Sollihøgda* und *Vik* geht es ans Bezahlen: Umgehungsstraßen und Tunnel, die den Weg verkürzen, löhnen wir über einen kleinen Obulus mit. Wir erreichen bald den *Tyrifjord*, der mit 28 Kilometern Länge der fünftgrößte See Norwegens ist. Er ist immerhin 295 Meter tief, und hatte vor etwa 1000 Jahren noch Verbindung zum Oslofjord. Die Landhebung hat ihn dann vom Meer abgeschnitten. Zwischen Sundvollen und Vik weisen roter Sandstein und graue Kalkfelsen auf eine geologische Besonderheit hin. In den Ablagerungen kann man wunderschöne Fossilien finden, die davon zeugen, daß hier vor 250 bis 450 Millionen Jahren Urfische und andere Wirbeltiere in einer wilden Pflanzenwelt gelebt haben. Die Sandsteinablagerungen ermöglichen heute noch eine blühende Glasindustrie.

Hønefoss ist mit fast 30 000 Einwohnern die letzte größere Siedlung auf unserem Weg nach Norden. Wir werden auf einer neuen Umgehungsstraße um dieses Verwaltungszentrum der Provinz Ringerike herumgeführt. Wenn wir den kürzeren Weg nach Bergen wählen wollen, biegen wir hier auf die gut ausgebaute Reichsstraße 7 in das *Hallingdal* ab. Auch diese Strecke lohnt sich und bietet herrliche Landschaften sowie andere Eindrücke. Wir haben uns aber für die Europastraße 16 entschieden.

MIT DEM MOTORRAD IN NORWEGEN

Reichlich Holz vor der Tür
Hönefoss - Fagernes
(Streckenlänge: ca 130 Kilometer)

Diese führt uns weiter nach Nordwesten in Richtung *Fagernes*. Für die nächsten 28 Kilometer begleitet uns nun ein schmaler, tiefer See, der Sperillen. Auch er hatte früher eine Verbindung zum offenen Meer und erinnert von der Form her an einen Fjord. Wer sich eine Angelkarte besorgt, kann dort sein Glück auf große Seeforellen versuchen. In *Nes* endet der See, und wir überqueren hier den Fluß Begna, der, immer schmaler werdend, auf unserer rechten Seite seinen Weg nimmt. Zunächst ist er so breit und tief, daß hier früher sogar Dampfschiffe bis *Sørum* fahren konnten. Die Berge rundherum sind bis hoch hinauf bewaldet, und entsprechend häufig weisen uns Warnschilder auf Wildwechsel hin. Sägewerke, Möbelfabriken und alte Flößstationen zeugen vom lebhaften Holzgewerbe. Allmählich werden die Berge auch höher. Im Südosten von *Bagn* fällt besonders der *Kjeldeknatten* mit seinen Sendemasten auf. Er ist immerhin 850 Meter hoch. Die Landschaft hier heißt *Valdres*, und wenn wir gern angeln möchten, können wir eine Valdres-Angelkarte in Geschäften, auf dem Campingplatz oder im "Turistinfo" erwerben. Die Gewässer sind alle noch sehr sauber und entsprechend fischreich! Die Begna wird in Bagn zur Stromgewinnung mit einem 90 Meter langen und 33 Meter hohen Damm aufgestaut.

In *Aurdal*, wo Knut Hamsun lange lebte, gibt es ein beachtliches Zentrum für den Alpinskilauf, wovon Pisten, Liftanlagen, Parkplätze und Kioske zeugen. Die umliegenden Berge erreichen nun eine Höhe von etwa 1200 Metern. *Noraker* hat seit 1908 das älteste private Kraftwerk Norwegens. Der Ort ist berühmt für seine Silberschmiede. Wer ein "Schmuckstück" als Mitbringsel erwerben will, sollte hier die günstige Gelegenheit wahrnehmen. In *Leira* können wir nach links die Reichsstraße 51 nehmen, wenn wir kurvenreich und schön nach *Gol* (Hallingdal) fahren wollen. Dort würden wir nach 50 Kilometern die RV 7 erreichen, die uns ja auch nach Bergen bringen würde.

Wir bleiben aber auf der E16 und erreichen Fagernes. Dieses Städtchen ist auch ganz von der holzverarbeitenden Industrie geprägt. Am Bahnhof von Fagernes unterhält der Automobilclub von Norwegen, NAF, ein Büro, wo man aktuelle Straßenberichte, Unterkunftsnachweise, Wanderkarten und Angelscheine bekommen kann. Die Stadt besitzt auch ein schönes Museumsdorf (Valdres Folkemuseum), wo wir 66 alte Häuser und entsprechende Ausstellungen ansehen können. Im Sommer gibt es dort ein reiches Angebot an Volksmusik, Handwerksvorführungen und Volkstanzveranstaltungen. In Fagernes werden wir auf dem Rückweg über die Reichsstraße 51 wieder ankommen.

Entschließen wir uns für eine Schottereinlage, können wir durch eine herrliche, unberührte Landschaft nach Osten bis Lillehammer fahren, das ja an der E6 liegt. Wenn wir uns dort Maihaugen angesehen haben, schaffen wir es sogar am selben Tag wieder zurück bis Fagernes, von wo wir dann am nächsten Tag auf der E16 weiterfahren können. Diese "Spritztour" ist aber in Teilstücken mautpflichtig und auch nur von Juni bis September zu befahren.

Wie ein Tempel in Asien
Fagernes - Revsnes
(Streckenlänge: ca 160 Kilometer)

Wir folgen unserer Europastraße und durchfahren eine Landschaft, die schon in der Bronzezeit besiedelt war. Immer wieder sehen wir Hinweise auf Hünengräber, Opfersteine und kleine Museen. Richten wir unser Augenmerk wieder auf die Landschaft, so rücken die Berge immer näher an die Straße heran. Sie erreichen eine Höhe von bis zu 1800 Metern. Dort liegt zum Teil auch im Sommer noch Schnee auf den kahlen Gipfeln und Hängen.

In *Lomen* können wir unsere erste Stabkirche ansehen. Es lohnt sich, die 500 Meter einen steilen Weg hinaufzugehen (oder zu fahren), um dieses eigenartige Holzbauwerk anzusehen. Es wurde um 1250 erbaut. Eine weitere Stabkirche können wir besichtigen, wenn wir in Lomen ein Seitensträßchen nach rechts nehmen. Die Stabkirche von *Høre* ist noch älter (1179), und der kleine Umweg lohnt sich wirklich. In *Øye* kommen wir dann wieder auf die E16, haben etwas für unsere Bildung getan und, ganz nebenbei, wieder ein Stück "Piste" hinter uns gebracht. Allerdings verpassen wir den eindrucksvollen Anblick des 30 Meter hohen Wasserfalls

MIT DEM MOTORRAD IN NORWEGEN

"Ryfoss", der aber auch drei Kilometer von der Hauptstraße entfernt liegt.

Phantastische Seitenwege führen hier überall auf das Gebirge hinauf und verlocken eigentlich dazu, hier noch etwas zu bleiben. Schotterpisten, weite Ausblicke und eine unberührte Landschaft erwarten uns. Diese Nebenwege sind ausnahmslos mautpflichtig. Es wird empfohlen, sich hier mit einer genaueren Karte auszustatten (z.B. die Karte Nr.2 Sør Norge - nord von Cappelen). Wir können sie auf der ganzen Reise gut gebrauchen!

Es geht nun immer höher hinauf, und bald erreichen wir in *Varden* unsere höchste Stelle. Der "Paß" ist immerhin 1013 Meter hoch. Da sollten wir uns mit unserer Kleidung darauf eingestellt haben, daß es empfindlich kalt sein kann. Aber ein Trost: Der herrliche Blick über die typische Fjellandschaft entschädigt uns, und wir können uns darauf freuen, nun durch herrliche Kurven bald hinunter an den Sognefjord zu kommen.

Doch zunächst erwartet uns nach wenigen Kilometern noch die hübsche St. Thomas-Stabkirche in *Kyrkjestølane*. die an einem alten Wallfahrtsort errichtet wurde. Die Menschen pilgerten von weither zu dieser Stelle. Wir müssen dort allerdings nicht lange verweilen, denn bald werden wir die schönste und am besten erhaltene Stabkirche Norwegens besuchen können. Sie befindet sich in *Borgund* dicht bei der Straße und schaut aus der Entfernung fast aus, wie ein buddhistischer Tempel. Ganz aus Holz gebaut, ist sie mit dunklen Holzschindeln gedeckt und ein wahres Kleinod. Etwa 1150 wurde sie errichtet und seinerzeit dem Apostel Andreas geweiht. Drachenköpfe und Runeninschriften erinnern daran, daß Norwegen erst kurz zuvor christianisiert wurde, als alte Wikingertraditionen noch höchst lebendig waren. Die Kirche kann im Sommer täglich zwischen 9 und 20 Uhr besichtigt werden.

Nach der Besichtigung wenden wir uns weiter talwärts, und wir kommen in *Sjurhaugfossen* an ein System von vier großen Wasserfällen, die sich schäumend ins Tal stürzen. Früher mußten hier die Lachse auf ihrer Laichwanderung, 25 Kilometer vom Fjord entfernt, aufgeben. Heute erschließen vier "Treppen" den Fischen weitere 16 Kilometer herrlichen Laichgewässers. Bis Seltun dann sucht sich das Flüsschen *Lærdalselva* seinen stürmisch gischtenden Lauf durch eine tiefe Klamm, die gerade genug Platz für Fluß und Straße bietet. Im weiteren Verlauf des Weges weitet sich das Tal, und eine intensive Gartenbaukultur setzt uns, nach dem harschen Fjell, in Erstaunen. Seit Jahrhunderten profitieren die

Menschen davon, daß sie ihre Felder künstlich bewässern können. Wir befinden uns hier nämlich im niederschlagsärmsten Gebiet Norwegens. Im Regenschatten der hohen Berge fallen hier im Durchschnitt nur 410 Millimeter Niederschlag (Bergen: 1958 Millimeter), und die Jahresdurchschnittstemperatur beträgt 6,1 Grad (Oslo: 5,9 Grad). Es muß schon dumm laufen, wenn wir hier naß werden! In *Lærdalsøyri* werden dann Obst, Gemüse und Früchte aus dieser "grünen Ecke" verarbeitet und versandt. Hier haben wir den Lærdalsfjord erreicht, der ein Ausläufer des *Sognefjords* ist. Dieser ist mit über 180 Kilometern der längste Fjord Europas. Er reicht weit in das Land hinein und wird teilweise von sehr hohen, schroff aufsteigenden Felswänden umrahmt. In anderen Bereichen hat er sanftere Ufer, die dann für einen intensiven Obst- und Gartenbau genutzt werden.

Wenn uns mittlerweile die Lust auf die Besichtigung von Bergen verlassen haben sollte, können wir den Weg abkürzen. Über eine brandneue Straße wechseln wir an das Nordufer des Fjords. Dann folgen wir der RV 55 bis Vadheim, wo wir auf die Reichsstraße 1 stoßen. Dort treffen wir dann auf die "Bergenfahrer" und setzen unseren Weg, wie unten beschrieben, nach Norden fort.

Drei Wege
Revsnes - Bergen
(Streckenlänge: ca 144 Kilometer)

Wir folgen nun allerdings noch 14 Kilometer dem Südufer des Fjords, um dann schließlich *Revsnes* zu erreichen. Hier warten wir auf die Fähre, die uns zwar etwa zwei Stunden kostet, dafür aber auch ein gutes Stück weiterbringt. Allerdings verkehrt das Schiff nur fünf mal am Tage. Sie bringt uns in zwei Nebenarme des Sognefjords, den Aurlandsfjord und den Nærøyfjord, die so schmal sind, daß die Ufer zu beiden Seiten fast zum Greifen nahe erscheinen. Immer wieder können wir, zurückblickend, das gewaltige Bergmassiv von *Jotunheimen* erkennen. Das Gebirge wird von Europas zweitgrößtem Plateaugletscher, dem *Jostedalsbreen*, bedeckt. Die langen Arme und Zungen des ewigen Eises reichen an manchen Stellen bis an den Fjord heran.

MIT DEM MOTORRAD IN NORWEGEN

Auch die höchsten Berge Skandinaviens, Galdhøppigen und Glittertind, ragen aus dem Eis heraus. Den Galdhøppigen werden wir im Verlauf unserer Reise möglicherweise noch besteigen.

Wir erreichen *Gudvangen* und verlassen hier "unsere" Fähre. Die steil aufragenden Felswände lassen das vor uns liegende Nærøytal düster erscheinen, und manche Siedlung wurde im Lauf der Jahrhunderte durch Lawinen oder Felsstürze hinweggefegt. Heute schützen Mauern und andere Verbauten gegen diese unberechenbaren Naturgewalten. Es geht das langgezogene Tal hinauf und dann, über *Oppheim,* hinunter bis nach *Voss.*

Nach dem ziemlich radikalen Ausbau der E16 haben wir hier die Möglichkeit, zwischen drei Wegen nach Bergen zu wählen:

1. Wir können uns in Voss links halten, um in *Granvin* dann die Reichsstraße 7 zu erreichen. Diese bringt uns über eine Strecke voller Naturschönheiten über den *"Hardangerweg"* nach Bergen. Fjorde und Gebirgsstrecken wechseln sich ab, und wir können uns auf herrliche Aussichten freuen.

2. Wir können auch neun Kilometer auf der E16 weiterfahren, um sie dann in *Liland* zu verlassen. Der folgende Weg führt über *Bulken* und *Bergsdalen* nach *Dale,* wo wir die E16 wieder erreichen. Wer etwas Nervenkitzel und Adrenalinausschüttung liebt, der sollte diese wildromantische Strecke nehmen! Sie ist nur teilweise asphaltiert.

3. Wir freuen uns über das bisher Erlebte und haben nun Lust auf ein zügiges Erreichen von Bergen. Danach bleiben wir auf der gut ausgebauten E16. Nach gut 140 Kilometern haben wir dann die alte Hansestadt erreicht, in der die Menschen angeblich mit Regenschirm geboren werden.

Bergen

Bergen liegt auf verschiedenen Inseln, die durch Brücken und Tunnel miteinander verbunden sind. Für die Stadt müssen wir "Eintritt" bezahlen. Dort, wo wir die Stadtautobahn erreichen, ist eine Mautstation.
Bergen wurde 1070 gegründet, und hat seither Höhen und Tiefen erlebt. In der Blütezeit der Hanse war Bergen sogar die größte Stadt in Skandinavien, da der Handel mit Trockenfisch, Hering und vielen anderen Waren blühte.
Nach dem Niedergang der Hanse wurde es zunächst still um die Hauptstadt des Regierungsbezirks *Hordaland*. Verheerende Stadtbrände legten viele

RUND SÜDNORWEGEN

Romantisches Bergen

alte Gebäude in Schutt und Asche. Erst nach 1916, als es eine neue Bebauungsordnung gab, war die Brandgefahr vorbei. Heute ist der Handel mit Fisch nur noch eine Nebenerscheinung. Industrieprodukte, Hochtechnologie und, vor allem, Offshoreaktivitäten prägen das Wirtschaftsleben. Die Universitätsstadt Bergen hat ungefähr 220 000 Einwohner.

Wenn wir nicht nur eine Stippvisite in Bergen machen wollen, müssen wir uns zunächst um ein Quartier bemühen. Hotels sind in Norwegen sündhaft teuer, und in der Nähe von großen Städten ist auch vom "wilden" Zelten abzuraten. Also bleiben die Campingplätze und das "vandrerhjem" (Jugendherberge). Der Automobilclub NAF empfiehlt "Grimencamping" am Grimensee, etwa 15 Kilometer vom Zentrum entfernt. Dort kann man auch eine Hütte mieten. Außerdem wird noch zum "Bergenhallencamping" geraten, wo man sich (während der Schulferien) auch einen Wohnwagen zur Übernachtung aussuchen kann. Das kann durchaus sinnvoll sein, da es im Jahresmittel in Bergen an 246 Tagen Niederschlag geben soll. Hoffen wir auf Petrus, daß wir an einem der übrigen 119 Tage dort sind! Schließlich bleibt noch die Jugendherberge (Montana Vandrerhjem) im Johan Blytts vei 30. Sie ist vom 1. Mai bis 15. Oktober geöffnet, und liegt am östlichen Stadtrand.

MIT DEM MOTORRAD IN NORWEGEN

Wir sollten uns zunächst zum "Informasjonskontor" im Stadtzentrum begeben. Es liegt in der Nähe des Festplatzes, wo wir übrigens auch die Hauptpost finden. Im Info-Büro bekommen wir gratis einen "Bergen guide", einen guten Stadtplan, in dem alle Sehenswürdigkeiten beschrieben sind. Diesen Plan gibt es auch im NAF-Reisebüro.
Auch in Bergen gibt es eine Stadtrundfahrt, die uns einen guten Überblick verschafft, und uns mit einem Schlage zu fast allen Sehenswürdigkeiten führt. Im Sommer gibt es auch Führungen in deutscher oder englischer Sprache (Buchung im Informasionskontor). Stadtrundfahrten sind aber mitunter sehr anstrengend, und wir können uns anhand des "Bergen guide" auch das heraussuchen, was uns besonders interessiert. Hier einige Vorschläge in alphabetischer Reihenfolge (die "Sternchen" entsprechen den Vorlieben des Verfassers):

1. *Akvariet i Bergen (**)*, Nordnesparken 2
Europas größte Sammlung von Meeresfischen, niederen Meerestieren und häufigsten Süßwasserfischen Norwegens. 49 Aquarien, interessante Außenanlagen. Von Mai bis Oktober täglich von 9 bis 20 Uhr geöffnet.
2. *Bergenshus festning (**)*, Festningskaien
Die Festung von Bergen. Sie wurde 1261 fertiggestellt, und enthält zahlreiche sehenswerte Gebäude und Ausstellungen, u.a. die gotische Håkonshalle, den Rosenkranzturm, die Wohnung des Wachtmeisters und die des Kommandanten, sowie alte Stallgebäude. Vom 15. Mai bis 14. September von 10 bis 16 Uhr geöffnet.
3. *Bergens sjøfartsmuseum (*)*, Møhlenprisbk. 3
Hier können wir Schiffsmodelle, Bilder, Fotos, verschiedene Schiffsausrüstung und viele Kuriositäten anschauen. Außer am Samstag, täglich von 11 bis 14 Uhr geöffnet.
4. *Bryggen med det hanseatiske museum (***)*, Bryggen
Früher sagte man "Tyskebryggen" (Deutsche Brücke). Damals standen hier die Höfe und Lagerhäuser der deutschen Kaufleute, die, neben den Holländern, während der Hansezeit einen großen Einfluß auf die Entwicklung der Stadt hatten. Nach verschiedenen Bränden wurden Holzgebäude nach und nach durch steinerne Lagerhäuser ersetzt. Nur der *Finnegård* (am Torv gelegen) konnte in seinem ursprünglichen Zustand erhalten werden. Er birgt nun das interessante Hanseatische Museum (9 bis 17 Uhr geöffnet).
5. *Fantoft stavkirke (*)*, Fantoft, ca 6 Kilometer vom Zentrum
Diese Stabkirche wurde aus dem Bereich des Sognedals hierher verlegt. Ursprünglich stammt sie aus dem Jahre 1150. Mai bis September von 10.30 bis 13.30 und von14.30 bis 17.30 geöffnet.
6. *Fiskerimuseet (*)*, Skoltegrunnskaien
Hier können wir einen interessanten Querschnitt durch die gesamte Fischerei und die damit verbundenen Gewerbe erhalten.

RUND SÜDNORWEGEN

Alte und moderne Fangmethoden werden vorgestellt.
Alte Fanggeräte und Schiffsmodelle ergänzen die Ausstellung. Da die Öfnnungszeiten in den letzten Jahren recht unterschiedlich waren, informiert man sich am besten im "Turistkontor".

7. *Fisketorget (***)*, Torget, in der Nähe vom Bryggen, direkt am Hafen.
Der Fischmarkt von Bergen erinnert fast an südländische Märkte. Wir erleben wirklich etwas vom täglichen Leben. Außerdem können wir eine Fischmahlzeit erstehen. Täglich von 8.30 bis 15 Uhr, außer am Sonntag.

8. *Gamle Bergen (*)*, Elsero, Sandviken
Hier können wir etwa 30 alte Bergen-Häuser anschauen, die uns in einer "Miniaturstadt" einen Eindruck vom früheren Stadtleben vermitteln. Von 12 bis 18 Uhr geöffnet.

9. *Gamle Bygninger i Bergen (**)*, Radshusplas
Wörtlich übersetzt heißt das: "alte Gebäude in Bergen". Sie sind vor allem um das alte und das neue Rathaus herum konzentriert. Dieser Teil Bergens hat viele Brände überlebt. So sind das Rathaus, die Häuser und die Höfe zum Teil bis zu 450 Jahre alt. Hier lohnt sich ein gemächlicher Bummel.

10. *Mariakirken (***)*, Øvregata, Hinter dem Bryggen
Das älteste Gebäude von Bergen, errichtet etwa um 1100. Später wurde der Bau im gotischen Stil erweitert. Das Schmuckstück der Kirche ist die barocke Kanzel neben dem Schrein des Marienaltars. Außer Samstag, täglich von 11 bis 16 Uhr geöffnet.

11. *Naturhistoriske samlinger (**)*, Sydneshaugen
Ein Museum, das in die drei Bereiche Botanik, Zoologie und Geologie unterteilt ist. Eine spannende Ausstellung, die uns tiefere Einblicke in die natürlichen Besonderheiten von Norwegen ermöglicht. Außer am Donnerstag, täglich von 11 bis 14 Uhr geöffnet.

12. *Fløybanen til Fløyfjellet (***)*
Die Bahn führt uns auf 320 Meter Höhe. Von hier haben wir eine herrliche Aussicht über Bergen und Umgebung bis weit hinaus zu den vorgelagerten Inseln. Wir können dort mit einer Standseilbahn hinauffahren. Wenn wir lieber das Motorrad bewegen wollen, nehmen wir für die drei Kilometer das Bike. Für die Romantiker unter uns lohnt sich das besonders zum Sonnenuntergang, was im Sommer allerdings spät werden kann!

Es soll nicht unerwähnt bleiben, daß von Bergen aus viele Ausflugsboote Touren zu den Inseln und in die Fjorde anbieten. Außerdem Ist hier die südliche Endstation der Hurtigrute. Wir können, wenn wir bequem in den hohen Norden wollen, hier auch unser Motorrad per Kran auf eines der Postschiffe hieven lassen und, wenn wir mögen, sogar bis Kirkenes an der russischen Grenze schippern. Außerdem verkehrt hier täglich ein Schiff nach *Hanstholm* in Jütland. So könnten wir hier auch unsere Reise beenden (oder beginnen) und die Rückreise (oder unsere Rundreise) antreten.

135

MIT DEM MOTORRAD IN NORWEGEN

Schnee auf der Hardangervidda - selbst im Frühsommer keine Seltenheit

Wieder drei Wege

Wenn wir nur schlechtes Wetter hatten, kann es natürlich sein, daß wir die "Nase voll haben". Es ist selbstverständlich auch möglich, daß wir Zeit verbummelt haben und nun den Rückweg antreten wollen oder müssen. Dann können wir ab Bergen aus diesem Tourenvorschlag ausscheiden und wählen zwischen drei Möglichkeiten:

1. Wie schon oben angedeutet, können wir von Bergen mit einer - oft stürmischen - Fährfahrt bis nach Hanstholm in Jütland übersetzen.

2. Wir nehmen den Rückweg über die RV 7 bis Oslo. Eine herrliche Fahrt über die *Hardangervidda* erwartet uns, und wir haben noch einmal das Gefühl, einsame Gefilde zu durchreiten, und den Unbilden der Natur ausgeliefert zu sein. Gerade im Früh- und Spätsommer können wir hier Schnee "hautnah" erleben, und es ist oft zu empfehlen, sich "warm anzuziehen". Aber Biker sind ja eigentlich meist "hart im Nehmen". Bei schönem Wetter erwarten uns wunderbare

RUND SÜDNORWEGEN

Jede Menge Tunnel

Landschaftsbilder und unvergeßliche Eindrücke! Wir haben etwa 480 Kilometer zu fahren. Das kann man gut in einem Tag schaffen.

3. Wenn wir in Bergen in ein Reisebüro gehen, können wir auch eine Überfahrt mit der Colorline von *Kristiansand* nach *Hirtshals* in Jütland buchen. Meist ist für ein Motorrad noch Platz, und notfalls können wir mit einem Liegesessel vorlieb nehmen. Um Kristiansand zu erreichen, müssen wir aber auch wieder mit etlichen Stunden Fahrt rechnen, denn es sind immerhin etwa 400 Kilometer zu bewältigen. Ganz sicher ist aber, daß wir bei unserer Fahrt (RV 7 bis Kvanndal, RV 13 bis Jösendal, RV 11 bis Haukeligrend und RV 39 bis Kristiansand) tolle Landschaften durchqueren. Fährfahrten, Gebirgsübergänge, und lange Tunnelstrecken sind im Programm inbegriffen. Auch hier erwarten uns unvergeßliche Eindrücke.

Danach, in Richtung Küste, nimmt uns dann ein weites, fast liebliches Land auf, und wir erreichen in Kristiansand das

MIT DEM MOTORRAD IN NORWEGEN

Skagerrak. Wir werden also - fast gleichwertig - für das entschädigt, was uns im Norden entgangen ist.

Und wieder reichlich Tunnel
Bergen - Førde
(Streckenlänge ca 180 Kilometer)

Bis zum nördlichen Wendepunkt unserer Reise haben wir nun bummelig 500 Kilometer vor uns. Wenn wir noch die vorgeschlagenen Ausflüge dazurechnen, werden leicht 600 Kilometer daraus. Nur, wenn wir uns sehr sputen, schaffen wir das in einem Tag, denn einige Fährfahrten nehmen uns Zeit, und die Streckenführung über Pässe, an schmalen Fjorden entlang, über Brücken und durch Tunnel, fordert uns ganz schön. Schließlich wollen wir ja auch einige Fotos machen, die Fahrt genießen und, vor allem, keinen Streß aufkommen lassen. Aus Bergen hinaus führt uns die gut ausgebaute Trasse der Reichsstraße 1, die weit aus dem Süden, aus *Stavanger,* kommt. Nach dem reichhaltigen Besichtigungsprogramm in Bergen können wir uns nun auf die Strecke konzentrieren, die eine abwechslungsreiche Fahrt am Fjord entlang, über Fjellpassagen und durch großzügige Tunnelbauwerke verspricht. In jedem Tunnel muß man allerdings mit liegengebliebenen Fahrzeugen, gering beleuchteten Baustellen sowie auch mit reichlich Wasser von oben rechnen. Ist es draußen schön, wird es bei der "Dunkelfahrt" manchmal empfindlich kalt. Die Tunnel sind teilweise 4 bis 5 Kilometer lang. Sieht man dann am Ende ein helles Fleckchen, das, immer größer werdend, sich schließlich als das Tunnelende herausstellt, können wir oft mit dem Ausblick auf eine völlig geänderte Landschaft, auf einen tief unten gelegenen Fjord, ein unwirtliches Felsmassiv, oder — mit dem nächsten Tunnel rechnen. Für Abwechslung ist also gesorgt.
Die 180 Kilometer bis *Førde* vergehen eigentlich wie im Fluge, zumal die Straße gut ausgebaut ist, und wir die langsameren LKW, Wohnmobile und -gespanne immer wieder risikolos überholen können. Trotzdem vermittelt uns der Blick nach rechts und links auch aufregende Aussichten auf das herrliche Panorama. Bevor wir nach Førde kommen, müssen wir noch in

Oppedal die Fähre nach Lavik nehmen. Sie macht in jeder Richtung etwa 18 Fahrten pro Tag und kostet uns nur etwa 20 Minuten Überfahrt. Da sollten wir unseren Kaffee schon schnell trinken, um die anderen Fahrzeuge nicht durch unser Zuspätkommen zu behindern. Wenn wir spät dran sind, genießen wir einen traumhaften Sonnenuntergang. Er tröstet über die eventuelle Wartezeit hinweg. Außerdem kann man sich diese wieder durch eine kleine Angelpartie verkürzen. Von Lavik aus sind es dann noch 64 Kilometer bis Førde, die eigentlich in weniger als einer Stunde absolviert werden können. Zunächst geht es bis *Vadheim* immer am Fjord entlang, und dann, ganz rasant, über ein Fjell, bis hinab nach Førde.

Achtung Angler im Weg!
Førde - Stryn
(Streckenlänge: ca 130 Kilometer)

In Førde folgen wir nach rechts der RV 1, während die Reichsstraße 5 nach links über etwa 70 Kilometer schöner Fahrt in den Außenfjordbereich leitet. Sie geht über Fähren und Brücken, immer dicht am Meer entlang, bis *Ålesund*. Eine lohnenswerte Alternative! Unser Weg verläuft aber auf der "1" weiter bis *Stryn*. Wir kommen am "Flughafen" von Førde vorbei, der die ganze Region bedient. Immerhin benutzen im Jahr etwa 40 000 Passagiere die täglichen Verbindungen nach Oslo und Bergen! In Stakaldefoss ist vor einigen Jahren ein großes Kraftwerk entstanden. Der Fluß Jølstra wurde zu einem etwa 30 Kilometer langen See aufgestaut.

Vorsicht, Angler stehen oft direkt an der Straße und können uns in Schwierigkeiten bringen! Kurz hinter Jølstraholmen steht mitten im Fluß eine 10 Meter lange und 5 Meter hohe Holzskulptur *("Stegosaurus",* von Ola Enstad). Zum Anschauen sollte man anhalten! Es sind hier schon Kunstliebhaber in den Fluß gefahren. Das sollten wir wirklich vermeiden, denn wir haben noch Schönes vor!
Dort, wo der Jølstravatn sich in zwei Buchten gabelt, erreichen wir *Skei*. Hier kommt die Reichsstraße 5 in einer neuen, gewagten Streckenführung von Süden, aus *Sogndal*. Die norwegischen Straßenbauer haben eine wahre Meisterleistung

MIT DEM MOTORRAD IN NORWEGEN

gezeigt! Hoch über das Gebirge und durch mehrere Tunnel, teilweise tief unter dem Eis des Jostedalsbreen hinweg, sind sie bis zum Sognefjord vorgestoßen (s.o.). Wir folgen aber bis *Byrkjelo* noch der RV 1 geradewegs über ein kleines Fjell hinweg.

Kutschpartie oder auf Schusters Rappen

Hier verlassen wir die Reichsstraße 1, und wieder geht es hinauf aufs Gebirge. In herrlichen Kurven bringt uns die RV 60 bis auf 630 Meter Höhe, um uns dann, in noch schöneren Kurven, schnell wieder hinunterzuleiten. Wir kommen zum *Innvikfjord*, an dessen Südseite wir gemächlich entlangrollen. Bald sind wir in *Olden*. Dort biegen wir in ein kleines Sträßchen nach rechts ein, denn wir können uns hier auf ein besonderes Erlebnis freuen. Folgen wir diesem Schotterweg, bringt er uns durch ein langes Tal und danach noch ein kleines Stück hinauf. Dort sehen wir schon über uns den *Briksdalsbreen,* eine Gletscherzunge des Jostedalsbreen. Auf einem Parkplatz können wir das Bike abstellen, und machen eine Wanderung direkt bis zum Gletscher, der hier in einem wilden Abbruch von der Hochfläche her hinunterfließt. Turmhohe Nadeln, tiefe Spalten und ein Gewirr von Schründen leuchten in herrlichen Farben, deren Spektrum von Blau über Türkis bis ins Grüne reicht. Die Luft ist voller Wassertropfen, da das Schmelzwasser mit lautem Getöse talabwärts schießt. Bisweilen bricht ein Eisturm grollend und donnernd zusammen. Ein einmaliges Naturschauspiel, das wir uns nicht entgehen lassen sollten! Wer den Fußweg scheut, der kann sich auch gemütlich von einer Kutsche hinaufbringen lassen.

Stryn - Ålesund
(Streckenlänge: ca 130 Kilometer)

Zurück in Olden, verbleiben wir auf der RV 60, die uns nun, immer am Fjord entlang, nach *Stryn* bringt. Hier geht es nach links, und wir haben neben der RV 60 auch noch die "15" zu fassen. Bald geht es wieder über eine Gebirgsbarriere hinweg zum Hornindalsvatn, einem schmalen, langgestreckten See. Dort angekommen, folgen wir in *Kjøs* der Reichsstraße 60 Richtung *Hornindal/Strande*, während die RV 15 weiter, westlich, in den Außenfjordbereich zur Insel *Måløy* führt. Nun erwartet uns ein etwa 35 Kilometer langer Gebirgsübergang, bei dem sich das Kurvenvergnügen aber in Grenzen hält. Immer wieder verlocken Haltebuchten und Rastplätze zum Anhalten, wo wir

RUND SÜDNORWEGEN

Der Briksdalsbreen

herrliche Ausblicke genießen können. Schließlich führt uns unser Weg wieder hinab ans Meer. Hier, in *Hellesylt*, haben wir einen schönen Blick tief in den *Geirangerfjord* hinein. Er gilt als "Fjord aller Fjorde". Sein Bild ist uns aus jedem Norwegenbuch und von Kalenderblättern bekannt. Da wir später noch Gelegenheit haben werden, den Fjord von anderer Stelle zu sehen, halten wir uns aber nicht zu lange auf, sondern setzen unsere Fahrt in Richtung *Stranda* fort. Wieder geht es hinauf ins Gebirge, und es "lauern" noch einige längere Tunnel auf uns.

Kurz vor Stranda biegen wir an einer Weggabel nach links Richtung *Ålesund* ab, bleiben aber auf der "60". Wir kurven uns hoch bis auf 530 Meter. Dann geht es wieder hinunter, bis wir an einen schmalen Arm des Storfjords gelangen. Über Sykkylven geht es bis nach *Aursnes*, wo die Straße unvermittelt endet. Aber keine Angst: Nach einer Fährfahrt von einer Viertelstunde geht es von *Magerholm* aus auf unserem Bike weiter bis Spjelkavik. Dort endet die RV 60, die uns viel Schönes hat erleben lassen.

Ålesund - Molde

(Streckenlänge: ca 75 Kilometer)

Die lockere Bebauung hat sich mehr und mehr verdichtet, denn wir sind nun ganz nahe bei Ålesund. Wir haben die Reichsstraße 1 wieder erreicht, die uns, wenn wir wollen, bis in die Stadt hineinbringt. Von hier führt unsere Straße direkt dorthin. Wir können diesen Abstecher durchaus unternehmen, denn die Stadt (26 000 Einwohner) ist wirklich sehenswert! Die drei Inseln, auf denen sie erbaut wurde, reichen weit ins Meer hinaus. Schmucke Häuser und ein malerischer Hafen laden zum Bummeln ein. Ålesund hatte seine Blüte in der Hansezeit. Leider gibt es nur noch wenige Gebäude aus dieser Epoche, da die Stadt 1904 völlig niederbrannte. Kaiser Wilhelm von Deutschland hat den Wiederaufbau großzügig finanziert.

Wenn wir uns bei der Besichtigung zwei Stunden Zeit nehmen, können wir uns anschließend auf den Weg zur "Rosenstadt" *Molde* machen. Die Nummer "1" führt nun, zusammen mit der "9", geradewegs nach Osten. Sie ist hervorragend, teilweise autobahnähnlich, ausgebaut. Wir sollten das ausnutzen und können endlich auch mal wieder etwas aufdrehen. Nach ungefähr 60 Kilometern verläßt uns in

RUND SÜDNORWEGEN

Skorgenes die RV 9, während die "1" scharf nach Norden abbiegt. Wir folgen ihr und erreichen nach einer halben Stunde die Fährstation von *Furneset*. Lange müssen wir nicht auf die 40-minütige Überfahrt warten, denn die Fähre pendelt 26 mal am Tag nach Molde und zurück. Während der Passage können wir vom Sonnendeck aus noch herrliche Bilder genießen und die hinter uns liegende "Alpenwelt" betrachten.

Molde ist das Verwaltungszentrum des Regierungsbezirks Möre og Romsdal. Das milde Klima, durch den Golfstrom bestimmt, sorgt für üppige Vegetation und eine blühende Landwirtschaft. Baumschulen und Rosenkulturen führten zum Beinamen "Rosenstadt". Das Stadtbild zeigt, daß es kaum ältere Gebäude gibt. Deutsche Bombenflugzeuge legten nämlich Molde 1940 in Schutt und Asche. Einige Sehenswürdigkeiten sollen aber erwähnt werden: Da ist das Museumsdorf "Romsdalsmuseet" mit etwa 60 charakteristischen Häusern, sowie das Fischereimuseum. Dem Hinweis "Helleristninger" können wir gespannt folgen, denn hier sind die Ureinwohner Norwegens aktiv gewesen: Felsgravuren auf zwei riesigen Findligen zeigen unter anderem einen Wal. Außerdem werden Angeltouren mit Fischkuttern und Schiffsausflüge mit einem "sightseeing-båt" angeboten.

Mitten durchs Meer
Molde - Kristiansund
(Streckenlänge: ca 85 Kilometer)

Wir sitzen wieder auf unserem Bike, und können uns schon wieder auf ein einmaliges Erlebnis freuen. Kurz hinter Molde biegen wir nach links in die RV 64 ein, die uns durch einen Tunnel und über eine Hügelkette direkt an die offene See führt. Von den Reisenden der Hurtigrute wird hier das Fahrwasser gefürchtet: Viele werden bei Sturm seekrank, und außerdem müssen zahlreiche Klippen umschifft werden. In *Vevang* beginnt dann das einmalige Erlebnis: Auf 8274 Metern und über 12 Brücken hinweg durchfahren wir die Insel- und Schärenwelt der Atlantikküste. Der *"Atlanterhavsvei"* ist mittlerweile zu einer Touristenattraktion avanciert. Wenn wir angeln wollen, so finden wir hier ein wahres Paradies vor. Da müssen wir rechtzeitig Schluß machen, weil wir - leider - zu wenig Stauraum in unserem Gepäck haben. Die Dorsche sind hier sehr groß und bis zu 8 Kilogramm schwer. Auch ein Hai oder ein Heilbutt kann sich an die Angel verirren. Dann bleibt uns nur übrig, einen Teil der

Beute gleich an Ort und Stelle zuzubereiten. Vorbei an einem Wassersport- und Angelzentrum, geht es denn schließlich auf die Insel *Averöya*. Übrigens kann es nützlich sein, bei Westwind die Regenkombi überzustreifen: Die Gischtwolken fegen dann nämlich weit über die Straße, und wir können in kurzer Zeit vom Salzwasser durchtränkt sein!

Die Straße führt uns weiter zu einer Fähre, die uns nach Kristiansund befördert. Die Stadt hat 18 000 Einwohner und wurde vor 250 Jahren gegründet. Allerdings gibt es Ausgrabungen, die beweisen, daß hier schon vor 8000 Jahren Menschen gesiedelt haben müssen. Ein kleiner Bummel durch Kristiansund, das auch, ähnlich wie *Ålesund*, auf drei Inseln erbaut wurde, kann nicht schaden, denn es gibt hier viele malerische Ecken in der Stadt. Straßencafes und zahlreiche Einkaufsmöglichkeiten werden uns nach der "Atlantikfahrt" gut tun! Hier sollten wir auch die Landkarte und unseren Zeitplan gründlich studieren. Es bietet sich nämlich an, einen Abstecher nach Trondheim zu machen, um von dort auf der E6 über das Dovrefjell nach Dombås zu gelangen. Von hier führt die Reichsstraße 9 bis an den Fjord hinab zu unserem nächsten Ziel, nach *Åndalsnes*. Dorthin gelangen wir allerdings nun auf kürzerem Wege.

Kristiansund - Åndalsnes
(Streckenlänge: ca 125 Kilometer)

Zunächst müssen wir allerdings wieder zurück bis fast nach Molde. Wenn wir nicht Lust haben, den Atlanterhavsweg erneut zu befahren, folgen wir der Reichsstraße 1, bis wir nach etwa 65 Kilometern die Stelle erreichen, wo die RV 64 kreuzt. Bald kommen wir nach links durch einen mautpflichtigen Tunnel, der uns auf fast drei Kilometern unter dem Fannefjord hinwegführt.

Kurz darauf geht es auf einer gewaltigen Brücke (555 Meter lang) nach *Grönnes*. Später bringt uns eine Fähre in *Sølsnes* über den Langfjord. Diese braucht nur eine Viertelstunde. Nun geht es, fast immer am Fjord entlang, in flotter Fahrt nach Åndalsnes.

Hier sollten wir Quartier machen. Einerseits haben wir auf dem Campingplatz einen herrlichen Panoramablick auf die senkrechten Felsen der "Trolltindane", andererseits sollten wir hier die Gelegenheit nutzen, das Motorrad etwas auf den nächsten Tag vorzubereiten (volltanken, ggf. Kette spannen und

RUND SÜDNORWEGEN

Herrlich gelegener Campingsplatz bei Åndalsnes

schmieren usw.). Wir werden nämlich den berühmtesten Paß Norwegens, den "Trollstig" befahren.

Große Wand

Vorher können wir aber noch ein Stückchen Richtung Dombås fahren, bis nach wenigen Kilometern auf der rechten Seite ein großer Parkplatz auftaucht. Hier haben wir direkt vor unserer Nase die gewaltige Nordwand des "Trollryggen". Sie ist mit über 1200 Metern Höhe Europas höchste Kletterwand. Jedes Jahr kommen zahlreiche Extremkletterer hierher, um ihr Können unter Beweis zu stellen. Viele Sportkletterer finden hier auch andere rassige Führen vor. Mancher Tourist mag sich schaudernd von dem Blick auf die "Trollwand" ("Trollveggen") abwenden, denn jedes Jahr passieren hier sehr schwere, oft tödliche Unfälle.

MIT DEM MOTORRAD IN NORWEGEN

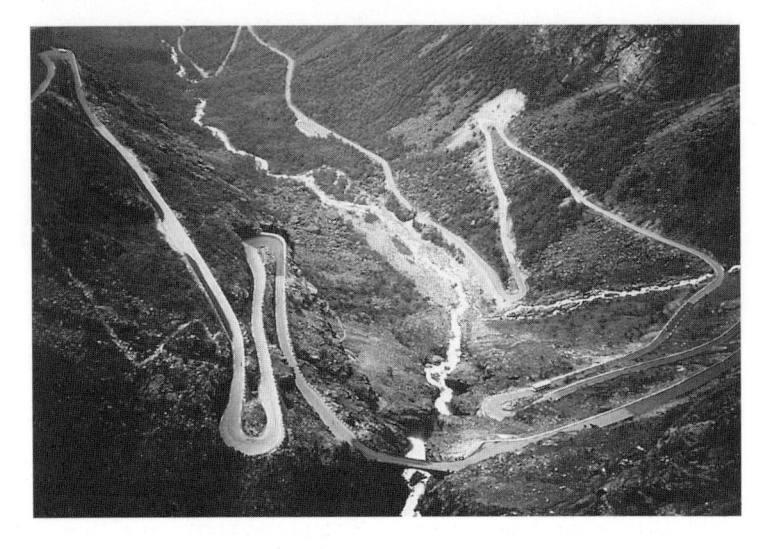

Ein Eldorado für Kurvenfans - der Trollstig

Trollstig und mehr
Åndalsnes - Grotli
(Streckenlänge: ca 65 Kilometer)

Der Verfasser hat schon Motorradfahrer getroffen, die nur wegen des Trollstig nach Norwegen gekommen sind. Diese Straße lohnt sich wirklich, führt sie uns doch in zahlreichen Serpentinen hoch hinauf bis auf 850 Meter. Da sollte das Motorrad tatsächlich in Ordnung sein! Am besten ist, wenn wir bereits am frühen Morgen aufbrechen. Später nämlich kann es sein, daß der Traum zum Trauma wird, weil oft der Verkehr fast zum Erliegen kommt. Die elf Serpentinen, die einen Kurvenradius von 10 Metern haben, bringen manchen Busfahrer ins Schwitzen, weil er rangieren muß, um die Kurven zu schaffen. Bei einer Steigung von 1:12 ist das kein Vergnügen. Alle anderen müssen während des Manövers warten. Wir sind also besser früh unterwegs und können die Fahrt auf die Paßhöhe hinauf richtig genießen. Wir

RUND SÜDNORWEGEN

wünschen uns ausgerechnet hier schönes Wetter. Nebel, Regen oder gar Schneefall verderben am Trollstig allzu oft den Spaß. Normalerweise gibt es für den Paß eine Wintersperre, die oft von Anfang Oktober bis Ende Mai andauert. Die beste Zeit für den "stig" sind der Juli und der August. Sind wir gut oben angekommen, können wir etwas verschnaufen, unter uns die Paßstraße betrachten, sowie den Blick auf den Fjord und die uns umgebende, gewaltige Bergwelt, mit Gipfeln bis zu 2000 Metern Höhe, bewundern. Gibt es keine gute Sicht, können wir an einem Kiosk zumindest einige bunte Ansichtskarten erstehen, um sehen zu können, wie schön es hier sein kann.

Seit Åndalsnes fahren wir auf der Reichsstraße 63. Ihr folgen wir nun weiter durch ein wildes Gebirgsland, das nur eine ganz spärliche, arktische Vegetation aufweist. Flechten, Moose, Gräser und winzige Zwergformen von Bäumen prägen die Landschaft. Wenn das Wollgras blüht, sind weite Flächen von einem herrlich wogenden, weißen Teppich bedeckt. Zunächst unmerklich, dann aber auch steiler, mit nur ganz wenigen Kurven, geht es schließlich bis hinunter an den Norddalsfjord. Wir erreichen *Linge*, wo wir uns weit vorn in der Wartespur für die Fähre nach *Eidsdal* einordnen. Diese braucht nur 10 Minuten, und verkehrt im Pendeleinsatz.

Adlerweg

Trotzdem kann sich eine Schlange bilden, weil in der Hauptferienzeit sehr viele Reisende, so wie wir, das nächste schöne Ziel ansteuern wollen. Wir fahren nämlich nun den *"Ørnevegen" (Adlerweg)* hinauf. Fast ohne Kurven führt uns die schmale Straße durch eine wildromantische Landschaft, vorbei an Seen und Tümpeln, bis auf 624 Meter Höhe. Danach geht es wieder hinunter, diesmal aber in etlichen Kurven, bis ganz nach Geiranger. Bevor wir aber wirklich unten sind, gibt es einen Parkplatz, den wir möglichst ansteuern sollten. An dieser Stelle hat man einen einmalig schönen Tiefblick auf das Ende des Geirangerfjordes. Hier haben wir die beste Aussicht, und mit etwas Glück liegt ganz unten, so klein wie ein Spielzeug, ein großes Kreuzfahrtschiff vor Anker. Geiranger wird in jedem Sommer von vielen Kreuzfahrern angelaufen. Als besonderer Landausflug wird das angeboten, was wir gerade so genossen haben: die Fahrt über den Trollstig und den "Ørneveg". Die Passagiere werden meist in Åndalsnes abgesetzt, um dann in Geiranger wieder an Bord zu gehen. Wir fahren hinunter in den Ort, und sehen von hier die Kulisse der steil aufragenden Felsen rundherum, von denen an einigen Stellen mit Donnergetöse Wasserfälle herabstürzen.

Die Straße Nr. 63, hinauf in Richtung *Grotli* führt uns in beachtlichen Kurven bis auf 1038 Meter. Der Berg links neben der Paßhöhe ist der 1476 Meter hohe *Dalsnibba*. Setzen wir unseren Weg fort, kommen wir nach wenigen Kilometern an die Reichsstraße 15, der wir nun, immer noch in etwa 900 Metern Höhe, bis Grotli folgen. Wir bleiben noch eine ganze Weile in dieser Höhe, und oft liegt noch viel Schnee auf beiden Seiten der Straße. Diese Strecke sollten wir wirklich nur bei sicherem Wetter befahren, denn häufig genug sinken die Temperaturen auch im Sommer unter den Gefrierpunkt, und es beginnt zu schneien. Das sind natürlich keine Verhältnisse für uns! Von Grotli aus geht es nun auf den nächsten 60 Kilometern stetig bergab, bis wir *Lom* erreichen, das in 390 Metern Höhe liegt.

Mitten im Reich der Trolle - Jotunheimen
Grotli - Juvashytta
(Streckenlänge: ca 94 Kilometer)

In Lom sollten wir nicht versäumen, die eindrucksvolle Stabkirche zu besuchen. Sie liegt direkt an der Straße. Hier biegen wir auch ab und folgen der RV 55, die nach Sogndal führt. Wir achten aber nun auf die Hinweisschilder auf der linken Seite, denn nach etwa 20 Kilometern zeigt uns eine Holztafel die *Juvashytta* an. Es kann nur ganz eingefleischten Enduristen mit leichten Maschinen empfohlen werden, bereits vorher die steile Schotterpiste nach *Spiterstulen* zu nehmen. Wenn es regnet, wird die Tour nämlich zur Motocrosseinlage. Wir brauchen aber nicht neidisch zu sein, denn der Weg nach Juvashytta ist auch ein einmaliges Erlebnis!
Die Mautstraße, die hier hinaufführt, ist nämlich auch ein Kiesweg, der uns, vorbei an einem Campingplatz, in immer größere Höhen führt. Dieser läßt sich durchaus ohne Probleme auch von Straßenmaschinen bewältigen. Auf den Campingplatz sind wir nicht angewiesen, da wir weiter oben überall rechts und links unserer Piste gute Zeltmöglichkeiten finden. Nur mit dem Feuerholz ist es in dieser baumlosen Einöde etwas schwierig! Wer Einsamkeit und absolute Stille nicht ertragen

RUND SÜDNORWEGEN

Auf dem Galdhøppigen - Nordeuropas höchster Berg

kann, der sollte weiterfahren bis zur Juvashütte, wo er im Lager ein Dach über dem Kopf findet. Aber es entgeht ihm die einmalige Stimmung des Lagerns in der Wildnis in über 1600 Metern Höhe! Richtig still wird es allerdings erst, wenn die letzten "Gipfelstürmer" und "Sommerskifreaks" den Berg hinuntergekommen sind.

Durch dünne Luft - Galdhøppigen

Am anderen Tag können wir zur Hütte hinauffahren und das Motorrad in 1817 Metern Höhe abstellen. Von hier aus erreicht man den Gipfel des höchsten Berges Nordeuropas (Galdhøppigen, 2469 Meter) in gut drei Stunden. Wir müssen zunächst über Geröll, danach durch tiefen Schnee marschieren, und brauchen, schon wegen der dünnen Höhenluft, auch eine gute Kondition. Außerdem muß man sich gut orientieren können, denn nicht immer führt die ausgetretene Spur an das richtige Ziel. Es ist für den Ungeübten zu empfehlen, sich einer Führung anzuschließen, die morgens ab 9 Uhr von der Hütte aus angeboten wird. Wenn wir oben sind, haben wir bei gutem

MIT DEM MOTORRAD IN NORWEGEN

> Wetter eine phantastische, einmalige Aussicht auf die Berg- und Gletscherwelt Jotunheimens. Mit etwas Glück können wir sogar den *Snøhetta* auf dem Dovrefjell sehen. Nach einer kleinen Pause machen wir uns auf dem selben Wege an den Abstieg zur Juvashütte. Dort vergnügen sich einige Leute beim sommerlichen Alpinskilauf. Eine gepflegte Piste mit Schleppliften lädt dazu ein. Die neuen Sommerskigebiete, die in jüngster Zeit in Norwegen recht zahlreich entstanden sind, sind nicht unumstritten, und eigentlich verschandeln sie ja auch ziemlich die Landschaft.

Sprung von zwei Metern - ritterlich!
Lom - Fagernes
(Streckenlänge: ca 150 Kilometer)

In der Hütte können wir uns etwas stärken und vielleicht eine Ansichtskarte vom höchsten Punkt unserer Reise abschicken. Danach wenden wir uns talwärts und fahren wieder nach Lom. Dort biegen wir rechts ab und erreichen nach etwa 25 Kilometern den Abzweig der Reichsstraße 51. Sie führt uns über *Bygdin* nach *Fagernes,* wo sich unsere Runde schließen wird. Zunächst aber erwartet uns auf den folgenden 125 Kilometern noch so mancher Genuß! Wir fahren mitten durch die Gebirgswelt von Jotunheimen, und kommen fast ins Schwärmen. Die Berge um uns herum sind zum Teil über 2000 Meter hoch. Da wir uns bald selbst auf einer Höhe von fast 1390 Metern befinden, bewegen wir uns überwiegend in kargem, einsamem Fjell. Doch zunächst sollten wir bei *Hindseter* auf ein Schild achten, das uns nach links in Richtung *"Ridderspranget"* führt. An dieser sagenumwobenen Stelle schießt das Flüsschen Sjon durch eine tiefe Klamm, über die in grauer Vorzeit ein Ritter mit einem Mädchen im Arm gesprungen sein soll, welches er zuvor entführt hatte. Die Stelle ist tatsächlich nur zwei Meter breit, aber man stelle sich vor, mit einem erwachsenen Menschen auf dem Arm, einen solchen Satz zu tun, unter sich das schäumende Wasser..... Die Verfolger haben es jedenfalls - ohne Mädchen - nicht gewagt, und mußten aufgeben.

RUND SÜDNORWEGEN

Schlagbaum hoch?

Hier auf dem Fjell können wir übrigens wilden Rentieren sowie zahmen Schafen und Ziegen begegnen. Alle halten sich bisweilen gern auf dem warmen Asphalt unserer Straße auf. Begegnen wir ihnen, sind sie uns alle gleich gefährlich. Wir dürfen in dieser herrlichen Landschaft nicht von unserer bisherigen Um- und Vorsicht ablassen! Sehen wir die langen Stangen am Straßenrand, können wir uns auch vorstellen, wie hoch hier im Winter der Schnee liegt. Die "51" wird erst im Mai vom Schnee geräumt und ist erst ab Juni freigegeben. Im Oktober geht der Schlagbaum wieder runter. Dann gehört das Fjell wieder den Rentieren, Füchsen und Schneehasen.

In *Gjendesheim* können wir unsere Motorräder stehenlassen und uns über den langen Gjendesee mit einer kleinen Personenfähre nach Gjendebu bringen lassen. Dort ist eine Hütte, und wir können Jotunheimen "zu Fuß" erleben. Kommen wir nach *Bygdin* (1166 Meter hochgelegen), so finden wir hier, in absoluter Einsamkeit, nur ein großes Hotel in Holzbauweise. Im Winter werden hier die Fenster zugenagelt! An dieser Stelle haben wir wieder drei Möglichkeiten zur Auswahl:

1. Wenn wir zum Abschluß unserer Reise noch einmal richtig Lust auf Schotter haben, biegen wir nach Osten ab, wo der mautpflichtige *"Jotunheimweg"* beginnt. 45 Kilometer Ölkiespiste führen uns einsam, vorbei an mächtigen Bergen, großen Stauseen und einigen Sommerhütten bis nach *Slangen*. Dort beginnt der Asphalt. Wir fahren dann über *Skåbu* bis hinab nach *Vinstra* im *Gudbrandsdal*. Wir erreichen also nach 78 Kilometern genußreicher Fahrt die E6, etwa 60 Kilometer nördlich von *Lillehammer*. Von dort geht es dann immer nach Süden, wo in Oslo unsere Rundfahrt endet.

2. Wir fahren einfach auf der "51" weiter bis hinab nach Fagernes, wo wir wieder auf die E16 stoßen. Die Strecke ist mit schönen Aussichten und faszinierenden Bildern gespickt. Unterwegs können wir noch in *Hegge* eine schöne Stabkirche besichtigen, oder einem der gut markierten Wanderwege in die "Wildmark" folgen.

3. Wir können uns aber auch, als krönenden Abschluß quasi, eine Bootstour mit Motorrad gönnen. Das geht so: Wir verladen unser Bike in Bygdin auf die Personenfähre. Der Skipper ist meist gnädig, und nimmt unsere Maschine auch mit. Fünf Stunden

MIT DEM MOTORRAD IN NORWEGEN

Der 45 Kilometer lange, mautpflichtige Jotunheimweg

dauert die Fahrt nach Westen über den *Bygdinsee*. An seinem Ende, in *Eidsbugarden,* haben wir mit unserer Maschine Landgang, besser gesagt, wir befinden uns wieder an einer ordentlichen Straße. Hier gibt es noch ein kleines Fjellmuseum zu besuchen, bevor wir uns auf einem Sträßchen nach Süden begeben. Die "252" führt nun wildromantisch hinab nach *Tyin* an der Europastraße 16. Wenn wir dann immer noch nicht genug haben, und die Zeit es erlaubt, folgen wir dem Weg, der jetzt RV 53 heißt, bis an sein Ende in *Lærdalsøyri*. Diese Strecke kann, wenn wir nicht allzu zimperlich sind, fahrerisch und landschaftlich zu einem weiteren Höhepunkt unserer Reise werden.

Mit etwas Wehmut im Herzen wenden wir uns nun auf der altbekannten Europastraße 16 in Richtung Oslo. Die erlebnisreiche Fahrt weckt sicher den Wunsch in uns, dieses faszinierende Land bald wieder zu besuchen, und noch besser kennen zu lernen!

Hauptstadt Oslo

(Zeitbedarf: mindestens 1 Tag)

Oslo liegt am äußersten nördlichen Ende des etwa 100 Kilometer langen Oslofjords. Dadurch konnte sich hier ein sehr wichtiger Handelsplatz mit einem guten natürlichen Hafen ansiedeln. Die Stadt ist ein eigener Verwaltungsbezirk, dessen Umland - die Oslomarka - ein Vielfaches der eigentlichen Stadtfäche ausmacht. So hat Oslo die zahlreichen Erholungsgebiete quasi direkt vor der Haustür. Das ist deshalb sehr wichtig, weil hier fast 460 000 Menschen wohnen. Bei 4,3 Millionen Bewohnern des ganzen Landes können wir die Bedeutung dieser Stadt vielleicht ermessen. Uns interessiert sie aber vor allem als Reiseziel.
Oslo wurde ungefähr im Jahre 1050 gegründet. Auch hier zerstörten zahlreiche Brände den ursprünglichen Kern der Stadt. Im Jahre 1624 brannte fast alles nieder. Die Stadt wurde auf Veranlassung des Dänenkönigs Christian IV wieder aufgebaut und führte dann, bis 1925, dessen Namen: Christiania. Dann war Oslo wieder Oslo.

> Bevor wir uns um einzelne Sehenswürdigkeiten kümmern, sollten wir einen Bummel durch die Prachtstraße Karl Johans Gate machen. Hier pulsiert an schönen Sommertagen fast südländisch das Leben. Straßencafés, schmucke Läden, Pavillons und Kioske laden zum Bummeln und Schauen ein. Hier befindet sich auch die Universität, in der jedes Jahr im Dezember der Friedensnobelpreis verliehen wird. Es handelt sich aber eher um das traditionsreiche "Hauptgebäude" der Uni. Studiert wird weiter außerhalb, wo sich die Hörsäle, Seminarräume und Bibliotheken befinden. Viele Studenten leben hier in Wohnheimen, die in den Semesterferien teilweise als "Jugendhotels" vermietet werden.

Am Westbahnhof (Vestbaneplassen) bekommen wir im "Norges Informasjonssenter" alle wichtigen Informationen über die Stadt, einen Stadtplan, Prospekte, Öffnungszeiten der Museen, sowie die Abfahrtszeiten der Stadtrundfahrt. Diese gibt es auch in englischer und deutscher Sprache.
Wir bauen unser Lager am besten im "Bogstad-Camping" auf, wenn wir etwas länger hier bleiben wollen. Der Platz liegt neun Kilometer vom Stadtzentrum entfernt und hat alle

MIT DEM MOTORRAD IN NORWEGEN

wichtigen Einrichtungen. Wenn wir fünf Kilometer dichter am Geschehen sein wollen, wählen wir "Ekeberg Camping".

> Wir benutzen in Oslo Bus, Straßenbahn und Schiff, es sei denn, wir bevorzugen es, mit dem Motorrad unabhängiger sein zu können. Ein System von Unterführungen, Tunneln und Hochstraßen durchzieht die Stadt in west-östlicher Richtung. Drei ringförmige Straßen führen den Verkehr in unterschiedlichem Abstand um das Zentrum herum. So kann man sich eigentlich ganz gut orientieren, wenn man für seine Vorhaben eine Art "Roadbook" vorbereitet.

Die wichtigsten Sehenswürdigkeiten folgen nun in alphabetischer Reihenfolge. Die Einstufungen mit Sternchen entsprechen wieder den Vorlieben des Verfassers! Auf die Angabe von Öffnungszeiten wird verzichtet, da sie erfahrungsgemäß von Jahr zu Jahr neu festgelegt werden. Wir haben aber hoffentlich im Informasjonssenter die aktuellen Zeiten bekommen!

Akershus festning og slott (***)
Festung und Schloß gehören zu den wichtigsten historischen Gebäuden der Stadt. Wir spüren etwas von der mittelalterlichen Geschichte Oslos. Erbaut im 14. Jahrhundert. Hier residiert heute noch der König! Seine Wachen tragen eindrucksvolle Traditionsuniformen.

Bymuseet (*)
Das Stadtmuseum. Es befindet sich im Frognerpark. Dort sehen wir in Modellen, Stadtbildern, alten Karten und Gemälden die Entwicklung der Stadt im Laufe der Jahrhunderte.

Folkemuseet (***)
Dieses "Volksmuseum" befindet sich auf der Museumsinsel Bygdøy, wo wir eigentlich die interessantesten Museen dicht beieinander haben. Hierher kommen wir günstig mit einem kleinen Linienschiff. In diesem Museum können wir an 170 alten Häusern aus dem ganzen Land und über 100 000 anderen Ausstellungsstücken einen Streifzug durch Norwegens Geschichte vor und nach der Reformation führen. Wir besichtigen unsere erste Stabkirche und sogar ein altes Gefängnis.

Frammuseet (****)
Auch auf der Museumsinsel Bygdøy. Hier ist das Schiff, mit dem norwegische Polarforscher (Amundsen, Nansen, Sverdrup) vor hundert Jahren im Eismeer unterwegs waren, in einem Glashaus ausgestellt. Nansen hatte sich mit dem Schoner sogar am Nordpol einfrieren lassen, um die Eisdrift nachzuweisen. Das Schiff ist authentisch ausgerüstet, und wir können sogar an Bord gehen, um alles anzuschauen!

Im Frammuseet auf der Museumsinsel Bygdøy

MIT DEM MOTORRAD IN NORWEGEN

Helleristninger ved gamle Sjømannsskolen (**)
In der Steinzeit haben hier Menschen gehaust, die ihren Jagdzauber in Felswände geritzt haben. Bei der alten Seemannsschule im Südosten der Stadt kann man die 13 Figuren - überwiegend Elche - betrachten. Solche "Helleristninger" können wir im ganzen Lande bewundern! Von hier haben wir übrigens auch einen schönen Blick auf die ganze Stadt.

Holmenkollbakken (***)
Die wohl berühmteste Sprungschanze der Welt, der Holmenkollen, liegt hoch über der Stadt. Wir können sie von fast überall her sehen. Dementsprechend hat man von hier aus auch einen überragenden Blick über ganz Oslo. Noch besser kann man vom Aussichtsturm (mit Restaurant) aus sehen, der praktisch zur Sprungschanze dazugehört. Einmal oben auf der Schanze stehen und herunterschauen vom berühmten "bakken" - dann weiß man, welchen Mut die Jungs aufbringen müssen!

Kon-Tiki-musset (****)
Thor Heyerdals berühmtes Balsafloß Kon-Tiki (1947) ist gut erhalten auf der Museumsinsel Bygdöy in einem besonderen Gebäude ausgestellt. Außerdem können wir gleich, quasi als Zugabe, sein Schilfboot Ra II (1970) mit bestaunen.

Rådhuset (**)
Das Rathaus ist wegen seiner beiden roten, eckigen Türme im Stadtzentrum das auffälligste Gebäude. Riesige Wandgemälde in der Eingangshalle sind sehenswert und zeigen einen Weg durch die norwegische Geschichte. Auch die bittere Zeit des zweiten Weltkrieges wurde aufgearbeitet.

Skimuseet (***)
Wenn wir oben auf dem Holmenkollen sind, können wir uns auch das neue Museum anschauen, das die Entwicklung des Skilaufs in den letzten 4000 Jahren zum Thema hat. Felsgravuren beweisen, daß die Norweger schon damals Ski benutzten. Amundsens und Nansens Ausrüstung, mit der sie seinerzeit ihre Expeditionen unternahmen, sind hier auch ausgestellt!

Tryggvannstårnet (**)
Wenn wir noch einen weiteren Überblick über Oslo gewinnen wollen, fahren wir hinauf zu diesem alles überragenden Fernsehturm der "Nordmetropole". Eine Aussichtsplattform in 60 Metern Höhe erreichen wir mit dem "heis", einem Fahrstuhl. Uns bietet sich ein herrlicher Blick über die Stadt und weite Teile der Provinz Østlandet.

Vigelandsanlegg (***)
Eine herrliche "Daueraustellung" im Frognerpark. Vigeland hat der Nachwelt 192, teils überlebensgroße, Skulpturen und Figurgruppen aus Granit und Bronze hinterlassen. Wahrhaftig ein überwältigender Eindruck, diese naturalistisch und manchmal auch schonungslos dargestellten Monumente anzuschauen! Am eindrucksvollsten ist der "Monolith", ein 17 Meter hoher Granitblock, in den Vigeland 121 Figuren hineingearbeitet hat. Der Monolith wird ergänzt durch 36 Gruppen von Granitgestalten, die den Lebenszyklus darstellen.

OSLO

Vikingskipene (****)
Wiederum auf unserer Museumsinsel Bygdøy sind drei restaurierte Vikingerschiffe ausgestellt, die alle bei Ausgrabungen am Oslofjord gefunden wurden. Darunter befindet sich das berühmte Osebergschiff, das herrlich ausgeschmückt war. Die "Schätze", die man während der Ausgrabungen fand, sind im Gebäude ausgestellt.

Diese "kleine Auswahl" zeigt, daß Oslo viel zu bieten hat. Es ist müßig zu erwähnen, daß neben den "Sightseeing-Bussen" auch "Sightseeing-Schiffe" Rundfahrten von ein bis zwei Stunden Dauer anbieten. Beide fahren an den "Rådhusbryggen" ab. Wir werden feststellen, daß wir oft wiederkommen müssen, um alle Sehenswürdigkeiten richtig kennenzulernen. Dabei werden wir auch andere, verborgenere Schätze entdecken. Das gilt für Oslo, wie für das ganze Land!

MIT DEM MOTORRAD IN NORWEGEN

Ortsregister

A

Abisko 106
Alta 50 - 51
Andenes 113
Andøya 112 - 113, 115
Aurdal 128

B

Bergen 132 ff
Bjerkvik 44
Bjørnfjell 106 - 107
Bognes 41
Borgund 130
Briksdalsbreen (Gletscher) 140
Brønnøysund 90
Bugøynes 73
Bygdin 150

D

Dombås 24
Dovrefjell 25

E

Efjord 42
Eidsvoll 22
Elverum 45

F

Fagernes 129
Fauske 37
Førde 139

G

Galdhøppigen (Berg) 149 - 150
Glomfjord 96 - 97

H

Hamar 23
Hammerfest 52
Hamningberg 78
Harstad 110
Hinnøya (Insel) 111
Honningsvåg 54
Hønefoss 127

I

Inarisee 65 - 66
Ivalo 66

J

Juvashytta 148 - 149

K

Kabelvåg 118
Karasjok 83
Kilvik 96
Kirkenes 71, 72
Kiruna 103
Kornes 41
Kristiansand 144
Kvænangsfjell 49 - 50